中国校本教研与校本课程数字出版平台
中国校本教研网 www.schooledu.com.cn
◎特别推荐◎

高效能作文教学5项修炼

陈步华◎著

江苏教育出版社

图书在版编目（CIP）数据

高效能作文教学5项修炼/陈步华著．—南京：江苏教育出版社，2013.7（2023.11重印）

ISBN 978-7-5499-3129-3

Ⅰ.①高… Ⅱ.①陈… Ⅲ.①作文课—中小学—教学参考资料 Ⅳ.①G633.343

中国版本图书馆CIP数据核字（2013）第139536号

书　　名　高效能作文教学5项修炼
作　　者　陈步华
责任编辑　林　琬　万晓文
出版发行　凤凰出版传媒股份有限公司
　　　　　江苏教育出版社（南京市湖南路1号A楼　邮编210009）
苏教网址　http：//www.1088.com.cn
照　　排　润星之源文化有限公司
印　　刷　唐山富达印务有限公司
厂　　址　唐山市芦台经济开发区农业总公司三社区
开　　本　787毫米×1092毫米　1/16
印　　张　14.25
字　　数　192千字
版　　次　2013年7月第1版　2023年11月第2次印刷
书　　号　ISBN 978-7-5499-3129-3
定　　价　68.00元
网店地址　http：//jsfhjy.taobao.com
邮购电话　025-85406265，85400774　短信　02585420909
E - mail　jsep@vip.163.com
盗版举报　025-83658837

“橙子”的作文课

(代序)

翻开学生的作文本，其中一段让我欣喜不已：

因为故事，我喜欢上了“橙子”，因为“橙子”，我喜欢上了作文课。每周的作文课成了我的期待，这对于向来害怕作文的我来说，是不可思议的奇迹了……

文句中的“橙子”，便是我。这是孩子们赠送的雅号，说是古代尊称老师为“子”(如孔子、孟子)，陈老师姓陈，便可称为“陈子”，谐音“橙子”！于是，《“橙子”正传》《“橙子”外传》《“橙子”歪传》等作品纷纷登场，“橙子”成为了我的一届又一届学生笔下的“传奇人物”——我愿意享受这个雅号，更愿意享受孩子们用笔来描绘我的形象。

留在孩子们印象中的，其实不是“橙子”本人，而是“橙子”的作文课。

最初，在每一周的作文课前，我总会为孩子们准备一个故事——或短小精悍的，或情节曲折的，或结局出人意料的；或小小说，或民间故事，或幽默童话……为的是把听觉阅读引入作文课堂。渐渐地，我发现，孩子们的眼神随故事情节的发展越来越亮，孩子们下课之后会找来书本自主阅读。这是读写兴趣萌发的信号。果然，在兴趣的引领下，在故事的熏陶中，孩子们竟然主动拿起了笔，写下了属于自己的故事——《嘻哈四人帮》《铁三角传奇》……恭喜我的孩子们！此时，“橙子”的作文课是故事作文课。

尝到了甜头，我继续丰富“橙子”的作文课。我有一种信念，孩子们爱上作文比会写作文更重要。于是，“橙子”作文课上的故事悄悄地在变脸——我不满足于现成的故事，而是不断搜集幽默文学与爆笑网文进行改编，弃之糟粕，取之精华，添之精彩。丰富的语言材料，肆意的夸张情节，带来的是轻松阅读、亦庄亦谐的效果，那些语言表达的技巧，也在悄悄地影响着每一个孩子。张坤星同学的《“泡”作文》一亮相，便在课堂中掀起了轩然大波，因为她用极为巧妙的语言，把写作文如何凑字数的技巧公诸于众。之后，在一份小学生报纸上发表出来。作文，除了培养兴趣，也要学技法，而技法学习也可以如春雨润物一般细腻无声却实实在在。此时，“橙子”的作文课是爆笑作文课。

再后来，一些小实验、小魔术加入了“橙子”的作文课，观察与被观察成了课堂的风景。此时，“橙子”的作文课是实验作文课。

又后来，一些小游戏加进了“橙子”的作文课，参与与体验成了课堂的主要色彩。此时，“橙子”的作文课是游戏作文课。

……

“橙子”的作文课里，庄与谐同在了；

“橙子”的作文课里，学与玩共存了；

“橙子”的作文课里，静与动合璧了；

“橙子”的作文课里，读与写联姻了。

作文课里，如果主旋律是写作文、评作文，那这些故事、笑话、实验、魔术、游戏便成了不可或缺的插曲！我的目标是，让学生从对插曲的迷恋开始，逐渐走向对主旋律的深爱之中。

这一点，也许“橙子”已经做到了。

这一点，也许许多教师也能做到。

但是，我要说的是，这些点点滴滴的教学经验之所以逐渐走向丰满，是因为在作文教学实践过程中的不断反思、总结、提升，再付诸实践。因此，在作文教学这条路上，假如我有那么些许收获，靠的正是这种反思。每个语文老师在教学过程中都会有或多或少的经验，这些经验正如散落在教学时空里的一些珍珠，只有及时地去发掘它，拾起它，串起它，才会成为一条美丽的项链。这个过程，就是反思。若非如此，再好的珍珠也只会蒙尘，直至埋没。正是想让“橙子”的作文课越发成熟，成为孩子们享受作文的乐园，我才会不忘把教学点滴进行整理，合辑成这样一本小书。

诗人陆游曾说：“汝果欲学诗，功夫在诗外。”作文课堂要想精彩，“功夫”也在课外，除了精心的准备，还须及时的反思。反思，有快乐；反思，是收获；反思，更是智慧的操练。

又翻开学生的一篇作文，又发现一处惊喜：

“橙子”是个顽童，只要他走进班级，不用开口，就是一篇文章，因为幽默与活泼就写在他的脸上；一旦他开口讲作文，那便是一个天地，那种令人满心愉悦的感觉会紧紧地包裹着你。如果可以选择，我愿意一辈子坐在小学的班级里，永远听着“橙子”的作文课……

其实，是因为我首先享受着自己的课堂，才能让孩子们也有享受的感觉。

我，且行且思。

陈步华

2013年夏

第一章　风往哪里吹

——作文教学应明确目的与方向

作文教学的第一个问题就是：作文，为了啥？也就是风应该往哪儿吹？也许每个语文老师都有自己的答案。而在我心里，学生在哪儿，风就往哪儿吹；课堂在哪儿，风就往哪儿吹。爱生活，爱文章，让学生习作回归生活，才能实现习作三维目标的真正融合。

第二章 谁是被遗忘的人
——作文教学应重视主体意识

作文课堂里，谁是被遗忘的人？谁被藏得很深？又是谁最后都变成伤痕？是学生。在倡导以人为本的新课程理念指导下，作文教学中的主体应该是学生。教师必须改变旧有的教育观念和教学方式，让学生成为作文教学的主人，让学生习作变得有生命、会呼吸。

第三章 谁让习作失去“期待”？

——作文教学应关注习作活力

当前的作文教学实践为何还是难字当头？究根问底，是有人扼杀了学生的“习作期待”。都说兴趣是最好的老师，习作期待是作文教学的一盏明灯。用好习作期待，引发学生的写作冲动，调动学生的习作情感，才能让学生的习作散发生机、充满活力。

第四章　“实话”一定要“实说”？

——作文教学应考虑个性特征

作文是一种表达的艺术，“以我手写我心”，个性是作文的灵魂。契合新时代的作文教育理念，教师需要为学生提供广阔的写作空间，减少对写作的束缚，才能让学生表现真实的自我，实现作文习作的个性化，实现素质教育中个性意识的回归。

第五章　掌声何时响起来

——作文教学应讲求评价艺术

掌声想起来，我心更明白，你的爱将与我同在……孩子不是教出来的，而是夸出来的，这是教育的箴言。在作文教学中，教师要用真诚的喝彩，消除学生作文的畏难情绪；要用热烈的掌声，培养学生作文的兴趣；要用艺术的评价，提高学生作文的能力。

第一章 风往哪里吹

——作文教学应明确目的与方向

作文教学的第一个问题就是：作文，为了啥？也就是风应该往哪儿吹？也许每个语文老师都有自己的答案。而在我心里，学生在哪儿，风就往哪儿吹；课堂在哪儿，风就往哪儿吹。爱生活，爱文章，让学生习作回归生活，才能实现习作三维目标的真正融合。

徐志摩的诗里说：

我不知道/风是往哪个方向吹——

我是在梦中，

黯淡是梦里的光辉。

……

仿佛，这是如今的作文教学现状的写真。

大师林语堂、鲁迅等说，作文是没有笔法、门道可讲的，并不靠教师传授，而是靠自己的摸索来获得的；而曹文轩等作家说，作文一定是有门道的，没有方法，何来表达?

看来，作文教学的那些事，作家不能说清。

专家说，作文教学需要指导，需要引导学生学会积累素材、学会立意、活用修辞；又有专家说，作文不是教出来的，是学生练出来的。

看来，作文教学的那些事，专家也不能说清。

有老师认为在作文教学中该循循善诱、细致入微，也有老师认为作文教学该学会放手，无需指导；有老师认为“写什么”更重要，要让学生言之有物，又有老师认为还是“怎么写”更重要，要让学生言之有理、言之有序。

看来，作文教学的那些事，老师更说不清。

难怪，学生迷茫了，他们会问——

一、作文，为了啥？

某次习作课，我为了鼓励学生“乐于”习作，“善于”动笔，“勤于”撰文，便由远及近谈到本班同学作文竞赛获奖的事迹，以小见大谈论王安石推敲“绿”字的精妙之处，可谓苦口婆心。不料此时，有一学生举手发

问:“老师，写作文究竟为了啥?”(哟，够敏锐，能抓住我说话的主题，敢“刁难”起老师来了)我顺势说:“你问得好，你说呢?”该生居然侃侃而谈:“我想，如果写作文是为了长大当作家，那不想当作家的我就可以不要学作文;如果写作文是为了发表，从而‘出名’‘赚稿费’，那我也觉得不可能大家都能做到;如果写作文是为了考试，那考作文又是为了什么?……”(绝，够尖锐，完全适合当记者，以双鱼座式的假设，为自己寻找不写的理由，亏他想得出)

此时，我也在想:是啊，的确该与同学们通俗地说说写作文的理由了。于是，我引经据典，说古论今，一节课中滔滔不绝、洋洋洒洒。正当我为自己的激情“演讲”而陶醉之时，那个“刁钻”的学生再次“发难”，泼我冷水。他说:“老师，你的讲解很精彩，道理也讲得挺明白，只是，我想记个笔记都难，能不能写出来让我们看看呀?”(乖乖，果然厉害，懂得先褒后贬，提出要求，要我“率先垂范”，看来，我不动笔，他是不会服气的)

冥思苦想，绞尽脑汁，我的确要拿起我的武器——笔，来为写作文找个正当理由，让自己明白，也让学生明白。

(一)学会阅读——从乐于习作开始

很多专家、作家、老师都说，阅读是写作的基础，能读才能写。在我们的语文教学中，无论是“听说读写”的能力培养，还是“读写结合”的综合训练，都往往把“写”作为“读”的拓展与延伸，仿佛只能是先有阅读，后有写作。然而，又有谁知道，“写”却往往是促进“读”的利器。在如今的作文观里，这二者是互相促进、互相依存的，用时髦话说，就是互惠互利，实现“双赢”。

美国写作学教授格雷夫思有一套关于阅读写作的“编码”理论。他认为，文章好比密码，写文章是“编密码”，读文章是“破密码”。他还认为，对于孩子来说，“编密码”比“破密码”来得容易，而且你知道了怎样编密码，就知道怎样解开。由此可知，写文章有时比读文章来得容易。

这里有两个例子。先说电视剧《还珠格格》中的小燕子，她不认识“法”字，把它读作“游”，理由是“鱼儿在‘水’里游来游‘去’，‘水’

旁加上‘去’，自然是‘游’了。”众人捧腹。小燕子的“解码”之误说明因文悟意的确是难，但假如这字是小燕子编的，那“法”字读作“游”也就“言之有理”了。再有一例，一个读一年级的孩子生造了一个字——大口框里加上个“六”，结果被老师打了个“×”。小孩回家后向家长哭诉，埋怨老师改错了。他说：“这个字读 jiā，我们家四四方方的房子里住着六个人，所以这个字就是‘家’。”你看，这个孩子会“编密码”吧，而且会联想字形，揣摩字意“解密码”。故事虽然荒谬可笑，却可以看出，学生的创造意识在阅读中发挥的作用。这些例子虽然以字来说，但对于读文章和写文章来说，理是相同的。

如果学生能够时常动笔写一些文章，那么，在读书看报的过程中，在阅读课文的过程中，学生也就会特别留意文字如何承载着情感与思想，如何传递信息与智慧，读起文章自然也是顺畅易懂多了。

(二) 记录生活——从善于习作开始

人生有太多的欢乐，有太多的悲伤，有太多的趣事，有太多的后悔……五彩纷呈的生活怎样留存于记忆中，你会怎样记录你的喜怒哀乐、酸甜苦辣？是画画？是照相？摄像？……但是，最好的、最简便的、最低碳的记录方式无疑是文字。所以想让生活在记忆中永存，你必须善于习作。

为了纪念厚重的母爱，为了回忆母亲的慈爱，人们留下了《春蚕》《荔枝》《秋天的怀念》等这样深情而优美的文章；为了讴歌祖国的美好河山，流连于壮丽山川，人们写下了《桂林山水》《西湖的“绿”》《迷人的张家界》等令人神往、令人心怡的文字；为了感受科学的奇妙，为了想象过去和未来，人们记下了《黄河象》《新型玻璃》《2030 年的一天》等新奇有趣、真实可信的篇章……一篇文章便是一条思想的轨迹，一段文字便是一次心灵的感动，一个句子便是一朵生活的浪花。

热爱生活的人会天天快乐，热爱生活的人才会享受生活，热爱生活就必须留心细节、留念精彩，热爱生活必须善于记录——学会写作。

（三）超越梦想——从勤于习作开始

梦想属于每一个人，更属于每一个人的童年和少年时代。调查班级中每个同学的梦想和追求，我们会发现它们是多么斑斓多姿：幼稚的、现实的、可爱的、可笑的、空幻的、感人的……如果一个班级是一个乐谱，每个学生是那跳动的音符，那这五彩缤纷的梦就是音符奏出的动人旋律。

细细琢磨，要实现每个梦想，要超越原来的自我，哪一样能离得开习作能力？当秘书要能写作，学经商要订计划，就职前要写令人信服的演说词，当导游要有入情入景、有感染力的导游词，即使当个数学家，你也必须通过研究报告或论文来表述你的研究与发现……

如果这些都不值得一提，那我再告诉你，写作是驾驭语文的练习，它会让你的言行充满睿智；写作是锻炼思维的运动，它会让你的生活更富条理；写作是想象创造的翅膀，它会让你的未来不断超越；写作更是心灵情感的漫步，它会让你的身心陶醉其中。

最后，套用一句广告词来与师生共勉——爱生活，爱文章。

二、教师心中有乾坤

都说“数学教学清清楚楚一条线，语文教学模模糊糊一大片”，这话说得似乎有理。尤其是作文教学，许多教师并没有明确的方向，没有清楚的认识，于是，心中混沌一片，只能以“本”为本——教材，以“参”为参——教参。但我们知道，如果教师的心中只有这些东西，必定是画地为牢、举步维艰，习作教学之路将越走越窄，直至走进死胡同。

当作文教学开始之前，教师心中该有什么？我认为，不是如何激发兴趣，不是揣摩教材，更不是习作方法，而是对习作的整体认识，对习作教学的态度，对习作目的的深度探讨。一句话，小学语文教师，对于习作教学一定要认识有高度、心中有乾坤。

《易经》中的“说卦”，“乾坤”居首。“乾”为天，属阳，“坤”为地，属阴，天地相融，乾坤统一，方有宇宙万物。作文教学，“乾坤”当在心中。

（一）对于习作本身而言，“习”为乾，“作”为坤

《语文课程标准》较之以前的教学大纲，在作文教学方面最大的改变在于，不再统一冠名“作文”，而是分而述之。第一学段称之为“写话”，第二、三学段称之为“习作”，第四学段（初中阶段）称为“写作”。名称的改变并不能直接说明什么，却让我们感受到作文教学该如何定位，如何循序渐进。如果说低年级的写话是“作文教学”的萌芽阶段，那么从中年级开始就是作文的起步阶段，对于9～10岁的小学生而言，虽然已经具备一定的语言基础，但要让他们成篇成文，直接“作文”，甚至“写作”，一定是不现实的，更是不合理的。因此，“习作”的提法让我们找到一个台阶，更明白一种理念：“习”为根本，为中心。通俗地说，就是开始“学习”作文。“习作”之“习”，即学习，练习，是顺应学生学习规律的，是顾及学生学习基础的，是考虑学生学习需要的。小学作文教学，当以练习为主。因此，“习”为先导，“习”是“乾”；而“习作”之“作”，自然指作文、写作，指向作文的内容、形式、方法，是该扎扎实实、脚踏实地的，如同“天地”中的“地”一样。

苏教版小学语文三年级上册中安排了一次作文练习，主题为“我的自画像”。如果教师仅仅考虑的是如何让学生全面而具体地写出自己的特点，那一定会失望的，因为对于三年级的学生而言，无法全面了解自己的特点，还谈何“全面而具体”地表达？我的课堂教学实践证明，能够用句子准确描述自己的长相、兴趣、爱好的学生不多，大多数学生只会运用一些比较简单的词汇来描述自己的某些外貌特征。因此，执教这样的课堂，教师不能简单地进行文字表达方法的传授，不能枯燥地进行作文语句的训练，而应当有更长远一些的目标——让学生学会认识自己、观察自己，从而留心周围的事物，学会观察事物。上这样的课，完全可以让有条件的学生带上一面小镜子，在课堂上设置“欣赏自己”的环节，把自己的五官长相与同学的进行对比，找到自己长相中最突出的特点，学会用准确的词汇形容自

己。这样的教学既增加了课堂的趣味性，也培养了学生的观察能力，更渗透了一种“认识自我”的教育。从外貌的认识开始，引导学生逐渐找到自己的内在特点，从认识自我开始，直至认识世界，这是一个长期练习的过程，更是把作文这种工具性的学科特点与人文性进行有机统一的过程。

（二）对于习作教学而言，“生”为乾，“本”为坤

那么，习作教学中，学生与文本的关系如何处理呢？在平时的教学研究中，我发现，重视教材分析而忽视学生分析的现象比较普遍。虽然《语文课程标准》中提出“学生是语言学习的主人”，但在实际教学中，教师往往只考虑教材内容的安排、教师自身的教学习惯，而对于学生的学习现状、学习需求、学习兴趣没有多加研究考虑，因此习作教学的费时低效就成为必然。

在备课中，教师需要做到心中有学生，以学情分析为首要任务，充分考虑学生的能力增长点和兴趣激发点，以此作为教学设计的起点；然后再考虑教材内容的分析，对教材内容进行深度解读。先有天，后有地，先有“生”，后有“本”，切不可乾坤倒转。

人教版小学语文四年级上册语文园地五中的作文题为：长城、颐和园、秦兵马俑……给我们留下了深刻的印象。为了让更多的人了解我国的“世界遗产”，我们来写写介绍“世界遗产”的导游词。先确定要介绍哪一处“世界遗产”，然后选取最有特色的内容向大家介绍。可以讲景点风光，也可以讲与景点有关的故事、传说，还要提示参观浏览的注意事项。写好以后，可以根据所写的导游词，模拟导游进行讲解。

面对这样的题目，教师如果“照本宣科”，仅仅从如何写导游词、导游词包含哪些内容等方面进行考虑，肯定会在作文指导中遇到麻烦。事实上，这样的作文题目，教师最先要考虑的该是学生。因为对于大部分学生来说，他们根本没有尝试过写导游词，甚至都没有认真阅读过一篇导游词，即使有一小部分学生在旅游中见识过导游的风采，也未必能留意导游词的内容。虽然导游词也是以景点介绍为主，但如果纯粹以日常写景的方式来作文，最终会导致把导游词写成写景文的现象，或者直接照抄本单元的几篇文章

的句段（题目中列举了这几处“世界遗产”就是供学生选择的）。

因此，教学设计中，我们不得不顾及学生的原有语言基础和生活积累，对教材作出适当的处理，降低难度。尤其是对于农村的孩子来说，题目中要求学生选择一处“世界遗产”来写导游词，虽然本组课文将几处世界遗产介绍得具体而生动，但毕竟离农村学生的生活比较遥远。因此，教师完全可以把要求改一改，让学生试着介绍自己家乡的一处景点，其中结合一些自己的浏览感受、与景点有关的故事和传说，这就是从学生的角度考虑。对文本进行再定位、再创造，一是能激发学生的兴趣，二是能降低学习难度，为学生的习作铺就一条适合的阶梯。

心中有了乾坤，习作就有方向，教学就有目标，课堂就有定位。我们的习作教学就能够帮助学生在习作的路上越走越好。

手里乾坤

六年级　吴铭宇

在我们班上，本领高强的人比比皆是，有的是现成的“占卜师”，有的是高级别的“魔术师”，还有动唇如风的“口技师”。当然，最为普遍的当数“手技师”。每当看着他们在大家面前展示自己的拿手好戏时，我便羡慕得要死，但也只有干瞪眼的份，谁叫自己除了学习之外，一无所长呢？

NO·1

在班上，有一个功夫几乎是人人都会的，那就是打响指。可人人会并不代表我会，几乎每次，我都会因为这个出洋相。看着别人手指翻飞，“叭叭”作响，我这里却是一派静寂的景象，丢脸呀！羡慕呀！

你看，俊铃又在出招了。只见他弓臂曲腕，左手略呈扳机之势，随后便见他那“玲珑玉指”轻弹，顷刻间，声如雷鸣，势如暴雨，在场人员无不惊愕万分。我学他的动作试了试，却只听见“哗哗”的声响和周围人们的嘲笑声……

NO·2

又是俊铃。这天，我本想找他学一招响指。结果，他的另一绝技又让我甘拜下风。只见他把左手手指全部弯曲，再用右手拇指摁住左手手指，略微用力，便立即传来一阵“咔啦咔啦”骨关节错位声。光听那声响，你似乎会认为那是一个强力马达，充满了巨大的力量……

我问俊铃该怎么做。他说很简单，只要用一边手把另一边弯曲的手指使劲一摁，就会产生这种效果。然后，他又意犹未尽地加了一句：“这刚开始会很疼的。”我听了，心里有点害怕，再稍稍一试，真疼！哎，还是算了吧！谁叫我这么不勇敢呢！

三、使用文本学取舍

叶圣陶先生说：“教材无非是个例子。”这句话有两层意思，一是“教材是个例子”，必须用好这个例子；二是“教材只不过是个例子”，不好用的话可以换个“例子”，但教学还是需要一个例子。

从“习作”这个称谓里，我们知道小学生作文教学以“练习”为主，那么，按《语文课程标准》要求，从三年级到六年级大致安排 64 次练习显然是不足的。而且，如果这 64 次左右的练习都没有完成好，就更谈不上作文能力的培养了。如何用好课本中的作文练习，又如何开发更多的作文教学资源？这其中，便需要在教学中学会对文本的取舍。

（一）根据文本要求，学会选择

教材里的每次习作安排，都往往不是一个命题，而是会给予学生一个选择的空间。比如，人教版小学语文五年级上册 8 个习作练习中，只有习作三“学写说明性文章”及习作七“学写读后感”的命题在体裁上相对集中，但在内容上还是比较开放的。其他的 6 个习作安排，无论是在体裁上，还是在内容要求上，都显得比较开放而灵活。苏教版教材的编排也是如此。

教材编者充分考虑到教师需求与学生需求，这自然给了教师和学生更广阔的空间，但也往往造成教师的纠结。为什么呢？请看人教版小学语文五年级上册习作八的要求和提示：

从本组课文中，我们可以学到一些写作的方法。请从下面提供的几个角度，任选一个进行习作。

《开国大典》中，作者把开国大典的过程和场景写得很清楚。我们也可以选取一个场景，按时间顺序写下来。比如，班级联欢会、学校的一次活动，或者是电视里看到的运动会开幕式。写的时候要把场景写具体，写清楚。

我们在用文字向别人介绍一本书、一部影视作品或推荐一篇文章时，会用到写梗概的方法。写梗概，就是把书、文章或影视作品的主要内容用简练的语言写下来。

从最近读过的文章或看过的影视作品中，选择一个写梗概。写好之后读给同学听，然后根据同学的意见进行修改，使之更加清楚、明白。

此处给了两个题目，一是学习“场景描写”，二是学写“梗概”，这两者不能（也无法）统一对学生进行指导，这样的问题不只是个例。请看苏教版小学语文五年级上册习作七的提示和要求：

请从以下四个作文题目中选择一个写一篇作文，如果你有另外的创意，也可以另取题目写作。

《我最喜欢的一篇课文》

《有趣的一次实验》

《冬天》

《盼春节》

一次给了四个命题，还可以另取题目写作，看起来是好事，却让人存在困惑。在指导学生作文的课堂里，教师该如何处理这四个命题？这四个题目不仅在内容上迥异，在体裁上也有区别（比如《我最喜欢的一篇课文》就类似于写读后感），那该以哪一个为重点进行指导？遇到这种情况，也许只能把题目进行逐个指导了。可是，有限的课堂教学时间里，逐个指导势必占用大量时间，那结果一定是得不偿失、收效甚微。

在教学这类习作的时候，我最常用的做法就是忍痛割爱，缩小范围，根据文本提供的选题进行选择，集中目标完成好其中的一个题目，其余的题目只能作为课外作文练习自行完成。比如，在教学苏教版小学语文五年级上册习作七时，我在文本所提供的四个题目里只选择《有趣的一次实验》进行指

导。指导的过程也并不“开放”，不是让学生漫无边际地回忆科学实验课上的见闻，而是现场给学生来个小“实验”，让学生留心实验前、中、后自己的想法和观察所得，留心同学和老师的动作、语言、神情，从而培养学生的观察能力，训练学生的表达能力，培养学生的习作兴趣，一举三得。

悬浮乒乓

五年级　蔡永桢

作文课上，陈老师神秘地拿出一个乒乓球，问道：“这是什么？”“乒乓球！”我们笑着答道。陈老师又从盒子里取出了一根L形的黑色吸管。我不禁纳闷极了——陈老师到底葫芦里卖的什么药呢？难道是变魔术吗？我心里顿时冒出了许多问号。

同学们也议论纷纷：“可能是用吸管来吹乒乓球吧！”“应该是用吸管来吸乒乓球！”“可能是用吸管顶乒乓球吧！”“莫非——是用吸管穿乒乓球？”“有可能是用吸管来打乒乓球呢！”同学们的想法五花八门。我心想：老师兴许是要变魔术吧！

在我们的期待中，陈老师终于开口了，他说：“我要做一个小实验，吹乒乓球，看看乒乓球会怎样——”我们立刻被吸引住了，聚精会神地注视着。只见陈老师把L形吸管一头含入嘴中，另一头向上顶着乒乓球。看样子，老师要吹乒乓球呢。可是这样一吹，这乒乓球不是就掉下来了吗？

我们既激动，又紧张，眼睛都不敢眨一下，生怕错过那精彩的一幕。只见陈老师深吸了一口气，再缓慢而均匀地对准吸管吹气，那一瞬间，乒乓球慢悠悠地飘起来了，并悬浮在吸管上空，既不升高，也不掉下来，还不停地打着旋。我吃了一惊，感到十分惊讶，真是太神了，乒乓球竟然能浮在空中。看到这一幕，我们情不自禁地鼓起了掌。陈老师停了下来，心满意足地笑了笑，问：“要不要再来一次？”“要！”我们大声地叫道。陈老师满足了我们的要求，并要求我们仔细观察。只见他深吸一口气，猛地一吹，乒乓球再次悬浮起来，在空气中跳起了舞蹈，好一会儿才不情愿地落了下来。教室里再次响起了热烈的掌声……

球为什么会浮在空中呢？陈老师为我们揭开了谜底。当空气从一个孔急速冒出时，会从乒乓球的四周分散开来，并包围住整个乒乓球，被气流控制住的乒乓球，自然就乖乖地浮在空中了。

我们恍然大悟，情不自禁地点了点头。陈老师继续介绍说："我们还可以用电吹风来做这个实验，只要把电吹风的出风口朝上，开启电源，把乒乓球放在出风口上方，乒乓球就会在上面欢快地跳舞呢！"

小小的实验竟有这么大的魅力，看来，生活中，我们一定要多观察、多实验，才会探知更多的奥秘。

（二）根据学生实际，学会更换

更多的时候，学生的实际情况（学情）决定着文本的取舍。同样的一本教材，面对农村学生与城镇学生，面对此班学生与他班学生，处理的方式一定是不同的。

人教版小学语文五年级上册习作一是这样的：

人们常说"开卷有益"。但也有人说："开卷未必有益，看了那些不健康的书反而有害。"你对这个问题怎么看？我们可以展开一次讨论。

辩论结束后，可以以"记一次辩论"为题，写一写这次辩论的经过，也可以把自己对这个问题的看法写下来。

8年前，我在偏远的农村小学任教，面对这篇口语交际与习作相结合的题目时可谓束手无策，一是学生的课外阅读匮乏到不可想象，二是学生根本没有大胆发表自己见解的意识，甚至根本没有自己独立的见解。没有"开卷"，怎么知道是否"有益"？因此，辩论无法组织，作文自然也就没法完成。在这种情况下，更换教材内容就势在必行，以免"闭门造车"。我想方设法从各处临时借了几本适合学生阅读的课外书，让他们小组合作轮流阅读，然后以"谈自己的收获"为话题进行交流，最后写一写自己的感想和收获，也算扣住了"开卷有益"这个主题。

当学生费尽心思选材的时候，教师的确应该反思一下，是否能在教材提供的习作题材上寻求一些变化，大胆求新，甚至改弦易辙，为学生带来一些明媚的阳光呢？

假如给我三个题材

六年级　吴铭宇

人生有好几大苦。关于是哪几大苦，人们看法不一，有人说是失恋，有人说是离别，而我认为，写作文没题材才是当之无愧的一大苦！

由于平时不善观察，所以许多时候我都会遇到没有作文素材的情况。每当遇到此类事件发生，我便会绞尽脑汁地狂挖题材，一遍又一遍，直到把大脑记忆中的一丝一缝都查过了才罢休。可总不能不写呀！老师还在虎视眈眈等着“收网”呢。于是，我只好左翻右寻，终于找到了一个勉强可以过关的题材。虽有些偏离正轨，但我也愣是有模有样地把它写了下来。完工之后，审阅一番，虽说“强扭的瓜不甜”——有一两处前言不搭后语，但总体还不差，于是经过修改，我便将自己的“挤牙膏”之作交了上去。

还有一种情况，譬如在上课的时候，我忽然接到了一个看上去好像非常容易的作文题。于是我如鱼得水，正准备“大开笔戒”，可猛地一转念，不好，没材料！结果，只好再次压下心头的热血，开始静思，随着时间一点点流逝，我的大脑逐渐进入运转不灵的状态，同时还伴随着咬笔头、抓头发等外部反应。就在笔头被咬得严重变形之际，偶尔也会有一个意想不到的题材猛地从潜意识中跳了出来。顷刻间，天旋地转，我的笔龙飞凤舞，狂喷汉字。终于，在最后一刻，文章新鲜出炉，我也得以顺利交差啦！

唉，这样的“脑力体操”实在太累了！

什么时候我才能像我的对手缪劲松一样，对题材招之即来、呼之即去呢？因此，我郑重决定：假如谁能给我三个题材，本人定当重金酬谢！

（三）根据实时环境，学会开掘

如果说“因材施教”是指教材及教法当随着学生的变化而变化，那么，“因时制宜”和“因地制宜”则指教材及教法要随着环境的变化而变化。正因为作文与生活密不可分，学生的生活自然就成为作文材料不竭的源泉。

叶圣陶先生说：“（学生）所积蓄的正确度与深广度跟着生活的进展而进展。”因此，要让学生在作文课中有话可说、有言可表，就必须尊重学生的生活感受，迎合学生的生活环境，发掘教学的实时资源，以助我们完成文本中所提供的作文练习。

苏教版小学语文五年级下册最后安排了一次语文综合性学习“学与做”，以保护水资源为主题。教材的最后一单元正是以“保护环境资源”为主题，更是以一篇《水》的散文来作为压轴文章。关于这个主题，现在的资料还是比较多的，关键是学生耳闻目睹的生活现实也能给予他们一定的启发与感受。我要说的是，就在云南旱灾发生的那段时间，学校组织了一次大范围的“捐赠一瓶水，奉献一片爱”的捐赠活动。于是，我们结合这一主题，设计了一节以“水”为主题的作文课。

、

1. “ ”

（师出示一瓶水）

师：你们看，老师带了什么？

生：水。（师板书：水）

师：这节课，我将要在这瓶水里加入一些特殊的佐料，使它变成一瓶“神奇的饮料”！请同学们睁大眼睛，仔细观察，不要放过任何细节，看看这神奇的饮料是如何诞生的。

（师无声表演制作过程）

师：好了，我的饮料做好了。请同学们猜想一下，我制作的可能是什么饮料呢？（生自由发言）

生：我觉得老师加的应该是可乐粉，所以现在已经变成了一瓶可乐。

师：你想喝了是吧？

生：我猜想应该是橙汁吧。

师：瞧！口水都要流出来了。

生：是雪碧，我透过缝看到它是透明的。

师：说得有根有据。到底是什么饮料呢？我先卖个关子，接下来要请同学来品尝。

作文能力的培养，从观察能力的培养开始。本片段的教学重在训练学

生的观察能力，让学生懂得观察既要用眼看，更要用心思考，长期进行这样的训练，必能让学生学会细致观察、用心思考。同时，教师的“故弄玄虚”又能紧紧地抓住学生的心，激发学生的学习兴趣，这是小学作文教学的重点。

2.

师：品尝之前，我要考考大家，回答得好的同学将获得品尝的机会。我的问题是：

如果要你描写刚才老师制作饮料的片段，根据你写作文的经验，你认为该写上什么内容？（屏幕出示）

生：应该写同学的表情。

生：应该写老师制作饮料的动作、表情。

生：还要写上我们自己的想法。

（师归纳，概括成“老师的动作、神态、语言；同学的神情；自己内心的想法”，并请发言的同学上台）

解决了“写什么”的问题，还要考虑“怎么写”的引导。教师让学生回顾习作经验，说说应该写什么内容，抓住哪些方面来写，这是非常必要的。在时间充裕的情况下，还可以指名个别学生试用一系列表示动作的词来描述一下刚才老师的“制作”过程。

3.

师：现在就请下面的同学坐好，按照我们刚才的要求进行观察。

请品尝的同学注意，品尝时，先要看一看、闻一闻，再尝一尝。现在开始！

（品尝之后）请你汇报品尝结果。

生：它看起来没什么颜色，闻起来没有什么气味，我猜测这应该是一瓶矿泉水。

生：看起来虽然没有颜色，闻着也没什么气味，但品尝时有点甜，所以我觉得老师应该加了一点点糖。

生：这无色无味的，我觉得应该就是一瓶普通的白开水。

生：我同意××的观点，我也认为这是白开水。

4.

师：现在老师公布答案：这就是一瓶普普通通的白开水，我什么东西都没加。听到这个结果，你有什么感受?

生：唉！太失望了，还等着喝饮料呢！

师：失望是你现在的心情，请你将你的真情实感写在黑板上。

生：被老师耍了一通，好失望！

师：你与他有同感。

生：奇怪，明明是白开水，怎么会有人喝出甜味来了。

师：是有点奇怪，可能太相信老师了。

粗看此环节，似乎有“耍”学生的嫌疑，但仔细看来，这正是教师的匠心之处，课堂此时要的正是学生“失望”的效果。欲扬先抑，一波三折，在这里，水的滋味与想象中饮料的滋味形成强烈的反差，学生的情感变化赋予了本节作文课更真实的体验，更为后面的情感体验设下了铺垫。

、

情感体验 1

师：是呀，这普普通通的白开水一点儿味道都没有，和那些美味的饮料比起来，你们觉得不好喝，不爱喝，我理解。然而你是否知道，同在一片蓝天下，我们还有多少同胞却在缺水甚至无水的日子里痛苦挣扎着。请看——

(出示视频片段，大约 3 分钟)

师深情朗诵：2009 年 9 月中旬，南方雨季提前结束，干旱开始蔓延西南五省，一场百年一遇的旱灾降临了……

这是一幕幕我们从未见过的画面，曾经的美丽不复存在；快乐的泼水节变成美好的回忆；石林，曾经甲天下的山水，水库龟裂，人畜饮水困难；就连闻名于世的黄果树瀑布也断流了……今年的春季作物注定颗粒无收。当跋山涉水的取水成为习惯，当 92 岁的老人步行十几千米去找水喝，当我们的小伙伴喝着浑浊的脏水，当他们吞咽干巴巴的饭菜，甚至连 3 岁的孩子看到水都兴奋起来时，我们的心痛了！

这盆水可以让全家人洗脸 4 天，这一瓶水省着可以喝 5 天，这样可以喝得更慢一些，幼小的孩子也不得不加入挑水、找水的行列中，学校里发水是孩子们最快乐的时刻。请不要嘲笑他们衣着不鲜艳，请不要嘲笑他们黝黑的脸，因为喝着浑水对他们来说已很满足，又何必奢望洗头、洗脸、洗衣服。水，对他们来说，已经成了一种奢侈品。

“文章合为时而著”，将“西南干旱”这一2010年中国的重要事件引入小学作文课堂，将作文与时事相结合，不仅让学生关注时事，而且使作文充满生活气息。先通过游戏让学生感受水的平常，再通过视频认识水的珍贵，震撼的画面直击学生的内心，从而调动学生通过观察、想象，用文字记录自己的感受。

感人心者，莫先乎情。真实的镜头出现在学生的眼前，让学生忘了刚才的所有失望情绪，眼前一个个同龄人渴望水的镜头、花甲老人找水的镜头，无不让学生为之动容。只要能激起学生内心的真实情感，作文素材的问题就迎刃而解了。

情感体验2

师：看到这里，同学们一定有许多话想说，视频当中的哪个画面深深地刻在你的脑海中？（引导说出“同情、心痛”等词）

生：当我看到92岁的老人还要步行去找水的时候，我觉得心痛。因为这么老的老人本来应该在家安享晚年的，可他不但没有幸福的晚年，还要四处找水。

师：心痛是因为你有爱心，将你的心情写在黑板上。（生板书“心痛”）

生：当我看到黄果树瀑布都断流的时候，我非常震惊，因为我印象中的黄果树瀑布非常壮观。

师：知道西南地区发生了干旱，却没想到——

生：已经到了这么严重的地步。

师：震惊的何止你一人呀！请把你的“震惊”写在上面。（生板书“震惊”）

生：当我看到和我们年龄差不多的孩子喝着那黄泥水的时候，我很同情他们。（生板书“同情”）

生：当我看到土地裂成一片一片的，一个农民张开双手，仰面朝天祈雨时，我觉得他们真的好可怜……（该生泣不成声，教室里静悄悄的）

师：是的，西南旱区人们所遭受的痛苦或许我们不全理解，但你读懂了他们对水的——

生：渴望！（生板书“渴望”）

师：由此，你是否又能联想到生活中我们自己或周围的人是怎样用水的？（引导说出“惭愧、生气、惋惜”）

生：我平时洗澡总是洗很长时间，现在想起来觉得很惭愧。（生板书“惭愧”）

生：家里的水龙头开起来总是不及时关，浪费了许多好水，我觉得真不应该，而且也感到可惜。（生板书“可惜”）

生：我看到过那些调皮的男生将水装在气球里玩耍，以浪费水取乐，我很生气。

师：男生们干过这样的坏事吗？

一男生：是的，我们很多人都这样玩过，我想以后我们不会这样玩了。

师：是呀，起先我说它是一瓶“神奇的饮料”，你们都不信，那么现在，你还觉得它仅仅是一瓶普普通通的水吗？如果灾区的人民看到这瓶清清爽爽的水，他们又会怎样呢？

生：他们会将它当作宝贝一样拿回家。

生：他们会激动得两眼放光，大叫起来。

生：他们会争先恐后地来抢水。

情感体验3

师：当生命之水变成一种奢侈品，我相信所有的同学都被震撼了。此时我们的内心百感交集，每一种心情的背后都是一个故事呀！

刚才听了同学们的发言，我发现你们不仅有敏锐的观察能力，而且思维敏捷，真是不简单！接下来，新一轮的PK即将开始了，让我们用文字记下此时的感受，看谁写得好。

至此，学生几乎把所有能表达自己真实心情的词语都写在黑板上了，丰富至极。从“期待”到“失望”，从“同情”到“痛心”，甚至为了身边的人或事而“气愤”，为了自己曾经的错误行为而感到“羞愧”等。这无疑拓宽了学生的写作思路，丰富了学生的写作素材。课堂与课外自然沟通，工具与人文和谐生成。

、

1. 师：看黑板，请挑选一个关键词，比如，挑“失望”的同学就可以

写我们前面制作饮料、品尝饮料的小游戏；挑“同情”与“心痛”的同学可以描述视频当中最打动你的画面；挑“惭愧”的同学可以写一个自己浪费水的小故事。你认为还可以写什么？

2. 老师搜集了一些题目可供大家参考，同学们也可以自己拟题。屏幕出示：《最无味的水》

《最有滋味的水》

《最珍贵的水》

《最令我惭愧的事》

《最难忘的一节课》

《最难忘的一件事》

《最难忘的一幕》

……

小学作文教学重在解决习作兴趣的问题，重在解决“写什么”的问题。本课利用课堂中的一个小游戏和一段视频资料，让学生经历了情绪的变化，波折起伏，令人难忘，尤其是结合西南干旱这一生活资源更是体现出“作文源自于生活”理念。

同时，老师通过自己的语言乃至体态充分调动了学生的积极性和主动性，使其极富热情地参与到课堂的活动中来，打破了许多作文课的固定模式，既有学生的想象、观察，又有学生通过视觉、嗅觉、味觉来体验，更有平等对话的互动交流，形式活泼而结构严谨。

四、课堂内外讲沟通

学作文与学语文一样，只有课内，是学不好的。因为课内时间与空间受限，而课外无论在时间上还是在地点上都有充分的自由，自主支配的可能性更大。

大多数教师认为，课内作文为主，课外作文为辅。而我认为，课外作文当与课内作文平起平坐，等同视之，互通有无。我认为，如果长期重视课外作文，学生的习作兴趣和能力均能得到发展，完成单元作文自然就很容易了。

课外作文，并不是指机械的练习，更不是补习，而是开发各种学生乐于参与的习作活动，借此引导学生全面参与，充分感受，从而达到潜移默化的功效。这类活动开展得有声有色，学生的习作兴趣就会得到激发，能力也会得到提高。我的学生获奖、发表的作文中，大部分都是课外习作活动的成果。

那么可以开展哪些作文活动呢？教师扮演什么角色呢？学生的热情怎样可以持续呢？特级教师管建刚的“班级作文报”我也用，“发表作文赢积分”我也用，“积分换卡买图书”我也用。此外，还有几招值得一提。

（一）招数一：奇文共欣赏

激发学生的写作兴趣，就是要让学生对文字表达感兴趣。既然如此，教师在作文教学开始前需要做一件事，那就是让我们的学生喜欢上文字，感受文字带来的快乐与魅力。除了日常阅读教学，作文课还得再来那么一点“兴奋剂”。我给学生的“兴奋剂”之一，便是“奇文共欣赏”。

奇文，稀奇之文，奇妙之文，奇怪之文。那些在内容上“厚重笃实”、形式上“千篇一律”的文字，不足以引起学生的兴趣。单看这些奇文的题目，《我很帅》《我很丑》《我的超级智商》《超级糗事》……都足以吊起学生的胃口了。有一套著名的漫画《丁丁历险记》，我根据里面的情节进行改编，从而诞生《丁丁历险记外传》。

这些奇文，或来自网络、书籍，或根据学生作文进行原创，不管是哪一种，我都有一个基本标准，那就是一定要赚够学生的笑声，提升作文课堂的气场。但是，如果仅仅用文章制作“笑果”，就失去了文字欣赏的真正效果。因此，我还需要发现奇文中的良莠参差，降低奇文中的消极影响，挖掘奇文中的积极信息，让学生在欢声笑语中不知不觉学会文字表达的方法。我读奇文《我很丑》，学生乐坏了，都说文中作者的确是极品丑。我让学生说说哪些文字直接写“丑”，学生才发现，几千字的文章中竟然没有一个句子直接写丑的。于是，我的学生懂得了“侧面描写”与“间接描写”。为了让学生懂得文字表达的规范与严谨，我给学生原创了《同学都在吃垃圾》的奇文，从此学生不再写“我把吃完的垃圾扔进了垃圾箱里”的句子。为了让学生感受文字也可以很直观的美，我让学生见识了“图画诗”——《树》。

第三个酒窝

六年级　叶小青

脸上有两个酒窝，一定很漂亮。那有三个酒窝呢？一定很……很……很滑稽吧！嘿嘿，那就是我们的陈老师，我们总是叫他老陈。

一笑起来，老陈脸颊上的两个酒窝特别深，很可爱。可是下巴也深深地陷进去，形成了第三个“酒窝”。在我们的死缠烂打下，老陈终于“招了”，原来是一个手术后留下的疤，真特别。

老陈注定比较特别。那第三个酒窝，也许就是装满了幽默。在他幽默的课堂里，你想 hold 住不笑，那是不可能的事。更好玩的是，每次作文课，老陈总会带来一篇神秘文章，在他绘声绘色的朗读中，我们常常笑得“泪如雨下”、拍桌捶胸。《我的超级智商》让我笑得捧腹，《绝妙情书》让我大开眼界，《蚂蚁和大象》让我领略了夸张的魅力……有同学甚至开始试着写《蚂蚁和大象续集》了呢。更令人惊讶的是，班里最怕写作文的同学，也会为了听这一篇奇文而盼着作文课快点到来。每次听完奇文，陈老师总会让我们明白奇文中最值得我们学习的是什么，最需要我们谨记的是什么。到了后来，我们也渐渐学会自己领悟奇文中的奥妙。

老陈给自己的作文课命名为“作文笑谭”，我明白了，老陈是想我们在快乐的笑声中学习，真是个好办法。只是我们至今也不知道这些文章是哪里来的，再次“严刑拷问”，老陈已经学会“坚贞不屈”而闭口不言，然后神秘地一笑，露出他那第三个酒窝……

（二）招数二：好书我来评

没有阅读，就没有作文，这是真理。有了阅读，未必会写作文，这也是现实。在开展课外阅读的同时，若是没有好好利用，就使阅读的功效失去了一半。教师如果做好学生阅读之后的引导与交流，就等于在阅读与作文中间架设了一座桥梁，让学生在阅读之外深谙写作之道。

于是，“好书我来评”成为我作文教学的第二阵地。

让学生“评书”，至少有三种功效：一是检验阅读是否“真读”了；二是读有思考，形成自己的观点；三是我口说我心，敢于表达，为我笔写我心奠基。

“评”的内容要求比较宽松，可以是故事梗概的叙述，可以是精彩片段的复述，可以是对人物的看法，可以是对事件的观点，还可以是对文笔精华的赏析，更可以就自己的感受向同学们推荐书籍。

“评”的形式以书面和口头相结合为主，可以细化到每天、每周、每月。每天可以做的是课前“评书”，轮流由一位学生上台简要推荐；每周完成一次集中交流；每月进行一次手抄报交流展示，把自己读书所得用手抄报的形式进行汇总，然后在全班范围内展览交流。

日常我们所提的“读写结合”一般来说是狭义名词，即指在课堂教学中如何借助阅读指导进行写作迁移。而真正的、广义的读写结合大舞台，应该是在课堂之外。且不说那些令人耳目一新的离奇古怪、新颖别致的独特见解，这个读书的过程，就是学生一笔宝贵的体验和经历。

寻找《蓝色的兔耳朵草》

六年级　叶凤华

最近，同学秘密透露，新华书店新进了一系列新书，有一本是“空前绝后”的——《笑猫日记——蓝色的兔耳朵草》，他说特别好看。素来对新书情有独钟的我，当然不能轻易放过这次机会，决定当晚就去“猎书”。

事情不像我想的那样简单。到了新华书店，我将儿童读物区找了一遍，一无所获。于是我决定：明天再来地毯式搜索，定能找到。

第二天，我再次来到书店，可还是两手空空。气急败坏的我却无可奈何，恨不得能拥有魔法寻找那传说中的《蓝色的兔耳朵草》，可惜我不是哈利·波特。突然，我灵机一动，会不会被其他人藏在别的架子上呢？于是，我开始扩大搜索范围，在“法律政治”“书法画册”等架子上找，甚至连“影碟唱片”都不忘光临一下。真是皇天不负有心人，在“新闻纪事”架子上，我终于找到了一本《笑猫日记》。当兴致勃勃取下这本比金子还重要的《笑猫日记》时，我不禁瞠目结舌。原来，这并不是所谓的《蓝色的兔耳朵草》，而是一本早已过时了的《幸福的鸭子》！我哭笑不得，将这本书塞回原处，气愤地回家了。

第三天，我“三顾书店”。有了前几次的教训，我逐本寻找，不放过一点儿蛛丝马迹。我的行动终于引起了店员的注意，她过来问我连续几天在翻箱倒柜找什么书。我告诉她要找的书，没想到她也加入了帮我找书的行动中……

这一次，我终于在层层叠叠的字帖下面，找到了那本我梦寐以求的《笑猫日记——蓝色的兔耳朵草》。

哎，你为什么要和我捉迷藏呢？

（三）招数三：日记轮流写

写日记，好像我们自己读小学的时候，老师就是鼓励我们这样做。直到现在，老师们一定还是会让学生写日记。这说明，写日记，记录自己一天的喜怒哀乐，一定是一种最有效、最直接的表达能力训练手段之一。这种“古老”的方式，今天用起来还是很实在，唯一存在不足的就是，有些学生不愿将日记内容公开，或者因为班级学生数多，教师无法一一检查点评，于是造成“有写无评”“有练无查”的结果，最终没有达到预期的效果。

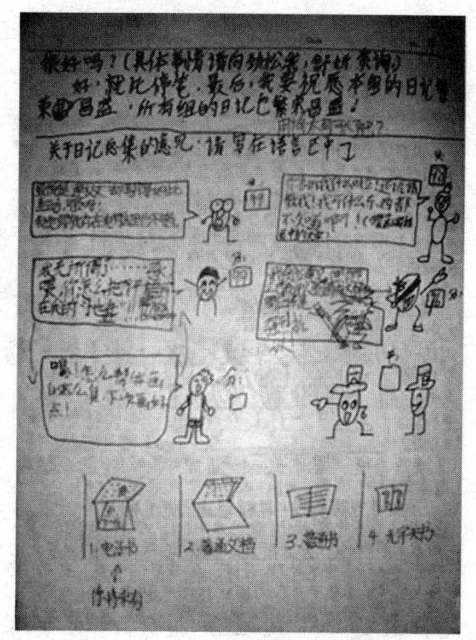

创新形式势在必行。“合作、轮流日记”将可以解决以上存在的问题。所谓“合作”，就是学生自由组合形成小组，人数以2～5人为宜。所谓“轮流”，就是小组内的成员按日轮流写日记，同时轮流评价组员的日记，每周再来一次组内自评，期末班级来个日记评优。将个人日记演变为合作日记，优势有三：一是日记数量的减少，可能带来质量的提高。假如小组5人合作，那么每个组员每周就写一篇日记，他就有充足的时间来完成这篇日记。二是日记有了读者，可能带来质量的提高。一篇日记，每个组员都是读者，学生自然不想“贻笑大方”，成为“害群之马”。三是日记互动的评价，可能带来质量的提高。每个组员都有权利和义务评价同组同学的日记，互相的评价形成了文字的互动，“动笔不动口”，表达能力就在不知不觉中得到了提高。

在老师定期的评价与鼓励下，在各小组的竞争与比赛中，在规则与措施不断完善的过程中，合作轮流日记持续开展成为可能，提高学生的作文兴趣和能力更是成为必然。

“灭火”记

五年级　龚　昊

周末，阳光明媚的下午，我在阳台背课文。课文太简单了，我不费吹灰之力就背得滚瓜烂熟。于是，我便在阳台上四处转悠，想找些新鲜事做做。嘿，还别说，真有“闲事”让我管管——

楼下有一个熟悉的身影，哟，这不是邻居的老爷爷吗？他拿着一大堆塑料泡沫去山上干什么？我带着疑问望着他。突然，他在不远的一块空地上停下，从口袋里掏出一个打火机。我呆呆地望着，想不明白邻居的老爷爷要搞什么名堂。啊，难道说他要烧毁这些塑料泡沫？那可是污染环境啊！我顿时有些不知所措，刚想制止，可是不等我开口，熊熊大火早已轰然升起。

我惊呆了，难道邻居的老爷爷不知道这样做不对吗？不行，我决定"狗拿耗子"一番。等他一走，我急忙舀了一勺水浇到大火上，没想到不仅没起作用，反而像是火上浇油，越浇越旺。山上到处浓烟滚滚，黑烟随风飘到了我身上，我不禁呛得泪流满面、咳嗽不停，真是可恶，可恶。

那些塑料泡沫被烧成了滚烫的臭污水，四处漫溢，仿佛蜡油一般，遇到冷水就结成块。但随后又受到周围火势的影响，又再次化成污水。这样一结一化，凭空增添了多少的浓烟呀！别说，这火仗着自己有着"不死之身"便狂妄起来，胡作非为，越来越猛。我决心与它单挑一番，让它知道我的厉害。想罢，我迅速回家，左手提水桶，右手拿扫帚，卷土重来。

我来到空地上，对狂妄的"三昧真火"大喝一声："俺老龚来也，休得无理！"它似乎没有听见，继续蔓延。我大怒，把扫帚放在水桶里饱蘸清水之后，向它尽力挥去，"吃俺老龚一棒！""金箍棒"加"神水"果然厉害。"妖火"顿时发出"哧哧"的惨叫声，好像在向我求饶。我毫不手软，把整桶水向它泼去……不多久，它终于一命呜呼了。

大功告成！

看着逐渐消散的黑烟，我"狂笑"一声："哈——哈哈——"

劲爆之松评：原来你是单枪匹马去"灭火"，真乃孤胆英雄也。如此人才，消防大队怎么不来聘请你呢？真是有眼不识泰山！

无名之雨评：有点孙悟空的形象，不过你自称"老龚"，妖女还以为是"老公"来也～～（哈哈）

舒服之盐评：比喻还真不错，语言比较幽默，我喜欢。顶一个。

佳人之尾评：好像有些夸张，你没那么厉害吧，把自己给美化了。不过夸张的写法挺好。

英俊之铃评：哇噻，英雄形象啊，佩服佩服！

（注：此为六人小组轮流日记中的一篇，六人自取笔名，"劲爆之松"

是组员缪劲松之名化解而来，后面几位分别是吴铭宇、周舒妍、张家玮、沈俊铃）

五、使用例文有原则

例文对习作初学者的作用是显而易见的，在某些特殊文体的习作教学（如应用文教学）中，例文更是不可或缺的。然而，到了高年级，若是使用不当，例文也往往会成为学生作文能力发展的桎梏，可能让学生的作文千人一面。在一次期末考试评卷过程中，我们发现，学生所写的《我敬佩的一个人》虽不曾抄袭，却几乎如出一辙。某班大部分学生们竟不约而同地以“我敬佩的人有很多很多，有……有……有……但我最敬佩的要数……”为开头，然后具体写两件事“有一次……还有一次……”，最后照应开头“×××真是值得我敬佩的一个人”。这虽然是较为极端的现象，但老师在作文教学中如果过于依赖例文，就必然会导致这种现象的频繁发生。从学生的语文能力发展来看，这种结果显然是我们不愿意看到的。如果造成这种局面，那真是成也“例文”，败也“例文”。

因此，教师对例文的使用尤其要谨慎。用与不用，用多用少，用在何时，用何内容，都是值得细细斟酌的。

（一）适量——灵活多变要有度

苏教版小学语文高年级教材在编写习作教材时，近半数都有安排使用习作例文。以五年级教材为例，上下册共有 14 次习作练习，其中的 6 次安排了习作例文或例文片段，有些还使用了学生誊写的例文。另有 1 次练习修改作文，也使用了范例。从教材的编写意图来看，编者也在考虑例文使用量的问题——是每篇习作指导都用，还是有所选择地使用？

我们不妨罗列一下上述教材中哪些单元习作安排了参考例文：

	习作主题	所用例文	所在教材位置
1	难忘的一位老师	《我的班主任》片段	五上第一单元
2	观察小动物	写“帅鸽”的静态和动态特点的片段	五上第二单元
3	倾诉心里话（××我想对你说）	《请您原谅我》全文	五上第四单元
4	观察一种自然现象的变化	《二八月，看巧云》全文	五下第一单元
5	学写新闻报道	篮球赛报道	五下第三单元
6	写参观游记	《龟山汉墓参观记》	五下第四单元
7	练习修改习作	《拔河》全文及教师批改记录	五下第二单元

从以上的编排来看，例文首先是集中在教材的前几个单元，如果把一个学期的习作练习作为一个小阶段来看，那么在这个阶段内也遵循一个循序渐进的规律：先扶后放，由仿到创。这是遵循教育规律的表现。再从内容上看，当需要在写法上给予一定指导和尝试写一种新体裁的时候，或者在习作选材有难度的情况下，编者就会通过出示例文给予示范或启发。而总的来说，例文并不是每练必用的招数。教师在全册备课的时候也要有整体的考虑，哪些单元要用，哪些单元不用；而在单元习作备课时还可以考虑使用例文的“量”，是使用片段范例，还是全文使用，甚至是使用多篇例文。这都因教材而异，切忌把习作例文使用变成呆板的招数，致使习作练习变得故步自封，失去趣味。

（二）适时——审时度势有规律

确定要用例文进行指导的习作，也要斟酌使用的时机。激起学生兴趣的文章，在指导之前使用；启发学生选取素材的例文，在指导之时使用；引导学生学习写法的例文，在选材指导之后使用；而创新文笔欣赏的例文，则可在学生完成习作后使用。正所谓“该出手时再出手，事半功倍是高手”。

以苏教版小学语文五年级下册第一单元观察描写一种自然现象为例，我进行了如下设计：

1. 激发兴趣

出示谚语，如“东边日出西边雨，道是无晴却有晴”“朝霞不出门，晚霞行千里”等。（让学生知道，细心观察自然现象，就可以多学一份生活常识，方便自己的生活出行）

2. 指导选材

出现教材中的例文《二八月，看巧云》的题目，让学生说说从题目中自己读懂了什么。（作者写的是“云”，抓住的是“巧”）

引出问题：我们可以选什么进行观察，从哪个方面进行描写呢？

出示例文中的第一段：

奶奶常常对我说：“二八月，看巧云。”奶奶说的“二八月”，指的是农历。所以到了春天和秋天，我特别注意天空中的云，看它巧在哪儿。（旨在引导学生学会留心生活中的细节，甚至像作者一样，就从奶奶的一句谚语中得到启发，从而确定观察对象，选择写作素材）

说说自己平时听到长辈说过哪些关于天气或自然现象的谚语、俗话，想想自己可以选择哪一样来观察或写作。

交流。（师根据学生发言板书：雨、风、雷、雪、云、霜等）

3. 指导写法

（1）学习观察方法

出示例文中2～4自然段。读懂作者观察云的“造型”是采用了什么方法的。

（师根据学生发言概括板书：静态的造型、动态的变化）

（2）学习写作方法

在出示例文2～4段的基础上，再出示第五自然段。发现小作者是抓住两个方面写“巧”的，一是“造型”，二是“色彩”。再仔细阅读例文，找出例文中形象描摹的词句和由形象展开联想的词句，说说写得好在哪里。

（3）说说自己选择描写的自然现象可以怎样描写，试用例文中的方法现场描写一个片段，静态的特点或动态的特点都可以。

……

在以上的教学过程中，把《二八月，看巧云》这篇例文进行了分解运用，主要分成了三个部分：一是在启发诱导阶段，仅仅使用了题目；二是在指导选材的时候，截取第一自然段作为引子，让学生学习积累素材的方法；三是在指导写法的时候，先后出示 2～4 自然段和第五自然段。这样的例文使用体现了一种层次感，更现实地指导了学生习作的全过程。在这次习作练习的讲评课上，我再次出示了《二八月，看巧云》的全文，与个别学生的习作（描写不够突出特点，缺乏层次感）进行对比，让学生自己评判习作的优劣，使其有再一次学习提高的机会。

（三）分层——因人而异共提升

例文使用，因材而异。这里的“材”，除了教材的意义之外，还应理解为我们的教育对象——学生。即便都是高年级学生，在学习能力上有差异，在基础知识上有差异，在学习态度上也有差异。这些差异注定了教师在习作教学时，要因材施教，凸显层次，而不能“一统天下”，用统一的要求、统一的方式来带领学生进行作文练习。

例如，写参观游记（苏教版小学语文五年级下册习作四），教材中的例文是《龟山汉墓参观记》。我在指导本次习作时，对学生的要求进行区分。先是小组交流，说说自己近年来都去过哪些地方参观，把这些地名写下来，可以是著名的风景区，也可以是并不知名的郊外景点。然后引导学生说说自己最喜欢的是哪个景点，留下了什么印象。两个流程结束后，平时表达能力较强的同学不必学习范文，可以直接通过自己的参观经历及平常的日记素材确定习作的方向，只需注意要表达顺序和突出重点，甚至在形式上都可以放松要求。而另外一些觉得习作有难度的学生，让他们自学例文，看看例文中有哪些表达技巧值得自己学习，并试着把这些方法运用到自己的习作中。这样，学生的习作就不至于机械呆板、“千人一腔”，既有风格独具的优秀习作脱颖而出，又有达到文从字顺的合格习作问世。

（四）更换——适当调整更合情

教材无非是个例子，教材中安排的例文更是一个例子，虽然它们经过编者、专家们的几番筛选，数遍斟酌，也都具有典型性和代表性，但并不表明教者在教学实践中不能有丝毫的变更。考虑到地域状况、学生知识面等一些客观因素，教材中选编的一些例文还是可以在教学时改用其他文章的。例如，学写新闻报道（苏教版小学语文五年级下册习作三），就可以改用实时发生的一些国家、地方事件的相关报道，这样贴近学生实际生活的习作例文更能激发学生的学习兴趣。

另外，教师的下水文比教材中的例文更为适用。只要在习作教学实践中运用过下水文的老师都清楚，学生对下水文是非常感兴趣的。他们对下水文既有一种权威感，又有一种亲近感，更有一种真实感。他们相信老师的作文是最棒的，也相信老师作文的内容是最真的，这是从学生角度出发。而从教师的角度来看，我们应该最了解自己的学生，懂得他们在习作中存在哪些困难，那么我们在写下水文时也就会注意在这方面给予示范或渗透，教学时也就更能做到有的放矢。

上“我最崇拜的一个人”（苏教版小学语文五年级下册习作六）习作课时，我就把班级中一位并不起眼的学生写进了下水文中，写我崇拜她，因为现在的她小小年纪就能为家庭分忧，虽然学习成绩不出色，却没有丝毫放松，远远胜过那些娇生惯养的独生子女，她所做的事情是我儿时不可能做到的，能赢得今天，就赢得了将来……下水文读完，该学生羞涩的脸上溢满自豪之情，而班级里的同学除了投去赞许的目光之外，更有了一种方向感——原来值得崇拜的人除了一些伟人、名人之外，他们还藏在我们的身边。这样的例文选择适合学情，更符合学生的心理需求。

异彩纷呈黄河石

五年级　蔡昱晨

这个暑假我和妈妈到兰州探望爸爸。爸爸高兴极了，我们刚到的那天傍晚，他就开着公司的车载着我和妈妈到黄河边玩。到了目的地，天空已经是漆黑一片，然而在霓虹灯的照耀下，江面上映出一道道五光十色的彩光，异常神秘，异常美丽。

黄河水裹着河中的沙石，赶上了沙滩，沙滩上的石头星罗棋布，爸爸说这些就是黄河石。我蹲下身子，随手捡起个石头一瞧，呵！这石头真奇怪！斑纹艳丽，仿佛鲜红的绸带缠绕着白色的“蛟龙”。我不禁被深深吸引了。家乡的石头大多是暗灰色的，上面还长着“雀斑”，而黄河石却不一样，表面虽然凹凸不平，但石头上的色彩和花纹却把石头点缀得光彩四溢，使它拥有了一种立体感。

我满心欢喜地拣了些上等货色，满载而归。我正上车返回时，突然发现宾馆中的一块大石头。它与之前的那些小黄河石不一样，我不由得赞叹道：“哇，这颗石头真特别啊！绿、白、青三色相互交错。”爸爸告诉我这也是黄河石，这一块石头至少值三四万呢。我惊讶地走近那黄河石，半蹲着，端详起这块精美的石头来。

看到石头上的斑纹和起伏不平的表面，我似乎看到了一幅山水画。我看见过许多画：古松、牧童、飞禽、走兽……可它们都只是画家们挥毫泼墨而成的画，是静止的。但我眼前的这幅“画”却是天然的、奇妙的，它是会动的。深绿色的参天大树和雨后的丛林将天空严严实实地遮挡住了，阳光射不进山中，只留下单纯的绿，带给人一种幽静与神圣的感觉。青色镶嵌在绿茵的下方，有如一座座拔地而起的岩石，中间仿佛还夹杂着几匹白绫，从高处向下垂落。用心去感触，我便如同进入了画卷，蔽日的大树四处生长，青色的岩石里，那清澈的溪水正快乐地流淌着，哗啦哗啦地唱着歌。再向丛林深处看去，看不到尽头，只有一种幽深的神秘感。当我看完这“佳作”后，真是大开眼界。

大自然母亲养育出来的黄河石让我如此着迷。我不禁想，这黄河石的美，是大自然鬼斧神工之杰作，更是大自然将她的美分给了黄河石一部分，否则黄河石怎能像如今这样光彩照人呢？

写景，贵在平凡之中见奇崛。一块石头，能让作者产生如此丰富的联想，体现了小作者观察之细致，思维之敏锐。同时，小作者能在表达中运用准确的词句、合理的修辞来表达自己观察到的和联想到的，显示出较强的表达水平。

六、习作训练重起步

“九层之台，起于垒土。”低段写话是学生今后作文能力的基础。因此，低年级的语文老师都较为重视这一点。如果说语言表达运用是建立在语言的理解与积累的基础上，那么，对于低年级的学生来说，要用他们有限的理解能力和为数不多的积累进行学习表达，难度是比较大的。《语文课程标准》对于第一学段“写话”的要求是这样的：

1. 对写话有兴趣，留心周围事物，写自己想说的话，写想象中的事物。

2. 在写话中乐于运用在阅读和生活中学到的词语。

3. 根据表达的需要，学习使用逗号、句号、问号、感叹号。

从以上三条标准看来，兴趣的培养是低段写话最重要的内容，同时学习观察，学习想象，学习运用所积累的词语，学习使用常用标点。根据这些，我们可以梳理一下低段写话训练的几个注意点：

（一）“趣”字当头

特级教师管建刚曾撰文《写作的第一能力是兴趣》。请看，兴趣不只是“非智力因素”，它就是一种能力，而且是写作的第一能力。以下是该文的第一段，可以引为一用：

著名学者马正平教授认为，作文能力本身是虚无，作文能力必须依附在某些因素上才能成为能力。那么，作文能力主要依附在哪些因素上呢？马教授说，第一是作文兴趣，第二是作文意志，第三是人格背景，第四才是作文技能。也就是说，作文兴趣本身就是作文能力之一，而且是第一重要的能力；作文意志本身，就是作文能力之一，而且是第二重要的能力。

……

我发现，当有了写作兴趣、写作意志之后，学生的写作状态、写作情感和写作能力，都发生了很大的变化，由此确证马教授的话：写作兴趣是

写作的第一能力，写作意志是写作的第二能力。

面对低年级学生，如果在训练中，学生即使练就了很多的本领，却失去了兴趣，也是得不偿失。很多时候，兴趣支持着学生的意志，让学生能够在习作奠基的阶段有着持续的内动力。

因此，在写话训练中，教师须本着“趣”字当头的原则，努力创设情境，或者借助形象事物，来更好地激发学生的学习兴趣。

情境创设是激发兴趣的主要方式，教师可以根据训练的内容进行一些生活的链接，或者模拟生活情境进行课堂表演，或者利用实物观察激发热情。

此外，基于写话兴趣培养的角度考虑，低年级写话训练最主要、最有效的方式应该是看图写话。图片的直观性符合了这个学段学生以直观形象思维为主的心理特点，容易激发学生的学习兴趣，吸引学生的注意力。同时，图片的使用既方便在课堂中培养学生的观察能力，也可以培养学生的想象能力，想象图片上所没有表达出来的内容。因此，重视看图写话，定能在低年级的写话训练中取得成效。

（二）“习惯”优先

叶圣陶先生说：“我们在学校里受教育，目的在养成习惯，增强能力。我们离开了学校，仍然要从多方面受教育，并且要自我教育，其目的还是在养成习惯，增强能力。习惯越自然越好，能力越增强越好，孔子一生‘学而不厌’就说明了这个道理。”而低年级学生的写话训练，内容只有几句话，教师完全可以把主要的力量放在习惯的培养上。

留心观察要成为习惯，想象要成为习惯，乐于运用所积累的词语要成为习惯，使用常用标点更要成为习惯。我认为，这些习惯中，标点的运用更为重要一些。学生如果在低年级写话中，能准确运用逗号，说明学生的语感已经比较强了；而能准确运用句号，说明学生对句意的理解与表达趋向成熟。有了这两点作基础，学生在将来的习作中一定可以发展得很顺利。

撇开这两个方面，在教学实践中，学生在表达的内容与形式方面还可能存在一些问题，导致学生在习作时往往事倍功半，费时费力却收效甚微。

原因何在，有何对策，我们无法回避。我们不妨来盘点一下学生的写话中存在哪些症结：

症结一：短若寸

按说，在低年级的写话中，老师不应该要求学生要写多少字，要写多少句子。可是，当一篇篇“短小精悍”的“作品”呈现在我们面前的时候，我们无法想象进入中高年级后，学生的作文如何“长”得了。请看下面，这个二年级的学生在试卷的看图写话题中共写了 6 句话，每一句话是如此的“简洁”：

河里有很多小鱼。河边是两棵柳树。有一只猴子在树上。天空有小鸟在飞。还有很多白云。这里的风景真美。

写景色的图画尚且如此，其他题材的就更不用说了。比如，看图写打扫卫生的，就只写“某某和某某在做卫生，做得真干净呀”；写狼和小羊后来会怎样，就只写“狼扑了过去，小羊就跑掉了，狼生气极了。后来就回家了”。

诊断与对策：

从以上的一些“病例”来看，学生大多是因为无法展开想象，只注意直观内容（如画面、课文），有啥说啥，“实话实说”。图上有小河、小鱼、猴子、小鸟、白云，学生就一一将它们罗列出来，可想而知，这样的写话肯定是兔子尾巴——长不了。

要想改善这样的局面，非得从培养学生的观察能力与思考能力入手不可。告诉学生，观察不仅仅是用眼去看，还得用心去思考、去想象。在评讲课上，我把刚才那位学生的六句话抄在黑板上，在赞扬其标点正确、句子完整之后，让同学们一起来说一说，怎么让图上的鱼儿、鸟儿“动”起来，怎样让图中的景物有生命。经过启发，学生顿时活跃起来，不一会儿，你一言我一语便有了下面的一段话：

郊外的景色真美啊！一条欢快的小河唱着歌儿向远处流去，河水中是一群自由自在的鱼儿，它们正在做游戏呢！河边的草地上有两棵美丽的柳树，那柳枝柔软得就像小姑娘的长头发。瞧，小猴也喜欢这柳树，都爬到树上玩了，真是个顽皮的家伙。天空中飘着朵朵白云，小鸟看见了，高兴极了，因为它们又有了云房子。在这样的地方玩着，我都不想回家了。

最后，我让刚才那位学生自己读一读，对比一下，再说说自己是不是学到了一些写话的方法了。学生说，他懂得了写景物的时候，要用词语来形容，有点像把原来的句子进行扩句。我此时告诉他们，这就是把话写具体。

症结二：淡似水

相比刚才的案例，有些学生的写话虽然有把景物、事物写具体，能运用一些词语来比较准确地形容景物特点或人物动作、神态等，但是由于语言积累的缺乏，在表达时就往往显得单调乏味，缺少变化，写出来的文句千篇一律、千句一式，读起来就是平淡似水。

1. 星期天，我和小明去植树。我们把树苗拿了来，高高兴兴地来到山上。不一会儿，我们把坑挖好了。我小心翼翼地把树苗立在坑里。小明把泥土填回坑里，再用脚使劲把它踩实。我们急急忙忙去提一些水来浇在坑里。我们种了很多棵树苗呢。

2. 上课了，我们拿出课本，端端正正地坐着，等老师来上课。老师来了，我们打开课本，认认真真地听老师讲课。讲到重点的地方，我们赶紧拿起笔做笔记。

诊断与对策

词汇的重复运用与句式的简单叠加是这种症结的主要特征。虽然学生在写话时已经注意到了说话的先后顺序，也懂得了用一些特殊词汇来丰富文句的内涵。但是我们发现，其句式大多是一种叙述句式，或一味的陈述句，或一味的把字句，这是学生的文句中最为普遍的一种毛病。要使这种症结得到缓解，教师在平时的阅读教学中就需要渗透这种句式变换的练习，加强词汇的运用练习，在指导学生写话的时候就更要在这个方面下功夫。

比如在第一个片段中，出现了五个“把”字句，教师可以引导学生想一想，哪些句子可以改为其他表达方式。学生一思考，便可发现“我们把树苗拿了来”可以改为“我们拿了树苗”，“我们把坑挖好了”可以改为“我们挖好了一个坑”，“再用脚使劲把它踩实”改为“再用脚使劲踩了踩”，只要这么一改，再用上“先……然后……最后……”连接前后句，这段话便不再“食之无味”了。

症结三：乱如麻

没有规矩，不成方圆，没有条理，文乱如麻。如果说前面讲的是“言之无物”的毛病的话，那么这里要讲的便是学生写话中表现出来的“言之无理”“言之无序”的毛病。在口语交际中，我们就常常发现学生的口头表达缺乏条理。在写话中，这一点就更加明显了。

去游乐园玩

国庆节放假时，我和妈妈去了一次游乐园。我在坐翻滚过山车时，妈妈不敢上，我很紧张，妈妈也很紧张。游乐园里的碰碰车真好玩，撞得我晕晕的。原先，我和妈妈是在湖中划小艇的，后来我一不小心还差点掉湖里了，所以才改去玩碰碰车的。游乐园里有很多小孩在玩各种各样的活动，都很开心。我也很开心，不过，我尿裤子了，是在坐过山车时尿湿的，真倒霉！

诊断与对策

这段话是学生的亲身经历，写的内容应该说比较具体，既写到了哪些活动，又写出了自己的感受，“言之有物”是做到了。但是我们知道，首先，这段话条理不清：过山车，碰碰车，划小艇，到底哪一项在前，哪一项在后，没安排好。其次，刚说“开心”，又说“倒霉”，这是情理上的矛盾。

这种文句顺序的混乱是学生思维随意性的一种外在反映，教师需要在平时对学生进行一些思维条理性训练，如排列错乱句子，按一定顺序排列词语等。在写话指导时，教师可以让学生把要写到的几项内容先作一个简单的罗列、排序，写起来时就不容易乱了。如：

《值日》：翻凳子　洒水　扫地　倒垃圾　锁门

《美丽的校园》：大门　操场　教学楼　花坛

《四季的花儿》：迎春花　荷花　菊花　腊梅

……

培养学生的这种习惯，意义不只在于今天的与话能够通顺流畅，更重要的是为今后的篇章写作奠定基础。

如果我们把低年级学生的写话看成一篇小小的作文的话，我们把学生写话中的每一个问题克服了，那么学生今后的作文坦途也能顺利铺就了。

可爱的小鸭子

二年级　陈星耀

我外婆家养了许多小动物：有大白鹅，有花公鸡，有小花猫。这些我都不太喜欢，我最钟爱的是那一群可爱的小鸭子。

它们的身材十分苗条，一双大脚掌，它们的眼睛十分明亮，走起路来东摇西晃，对了，哥哥还说它们在“扭屁股”呢！

记得有一次，我带着它们去池塘游泳，我拿着赶鸭的竹竿把它们赶下水，有几只小鸭子可淘气了，它们好像对这样大的池子有点害怕，说什么也不敢下去。费了我好大的劲才把它们赶进池塘。进了池塘，它们才发现这才是它们真正的天地，瞧，游得多欢畅！

忽然，一只小鸭子一头扎进水里，还没等我知道是怎么回事，它已经叼着“战利品”回来了。那只小鸭子回到岸上，把鱼放在地上。没想到，这下把别的小鸭子给引来了，它们也回到岸上。岸上立刻展开了一场“抢鱼大战”。不一会儿，那只鱼便被另一只身手敏捷的小鸭子给抢去“独享”了。那只小鸭子只好眼睁睁地看着自己千辛万苦捕来的“猎物”落入伙伴的肚子里。

好可爱的鸭子们。

七、三维目标需整合

“能具体明确、文从字顺地表述自己的意思。能根据日常生活需要，运用常见的表达方式写作。”这是《语文课程标准》中“课程目标”之“总目标”里关于写作指导的概括性描述。总体地看，这显然是简单的、笼统的，比不上后面“阶段目标”中的细化条款，但如果细细去领会，这一描述已经涵盖了新课程理念引导下的目标三维体系，也是我们实现习作三维目标整合的指导总纲。

(一) 理解目标，梳理三维

新的课程理念强调全面提高学生的语文素养。基于《语文课程标准》中对语文素养的总体认识，课程标准中加强了“情感、态度和价值观”这一重要维度；也就是说，高尚的道德情操、健康的审美情趣、正确的价值观、积极的人生态度是语文课程的重要内容，不再是“附属品”了。另外，从语文课程的性质和特点出发，课程目标突出了实践性，因而“过程与方法”这一维度也成了目标的组成部分。再者“知识与能力”这个维度虽然在过去是语文教学的“重头戏”，但今天的语文教学应对这个维度的目标有重新的理解，不能再局限于狭隘的“听、说、读、写”能力了。

有了这个三维目标体系作为框架，我们再来理解和界定习作教学目标的三个维度就不再困难。以细化的阶段目标为例，属于情感态度价值观这一维度的目标有：对写话有兴趣，乐于运用阅读和生活中学到的词语（第一阶段）；乐于书面表达，增强习作的自信心，愿将习作读给他人听，与他人分享习作的快乐（第二阶段）；懂得习作是为了自我表达和与人交流（第三阶段），等等。属于“过程与方法”目标的有：写自己想说的话，写想象中的事物，写出自己对周围事物的认识和感想（第一阶段）；尝试在习作中运用自己平时积累的语言材料，特别是有新鲜感的词句（第二阶段）；养成细心观察周围事物的习惯，有意识地丰富自己的见闻，珍视个人的感受，积累习作素材（第三阶段）。至于“知识与能力”目标，这在各个学段中都涉及较多。毕竟，这个维度的目标在整个体系中还处于“核心地位”。

当然，对这些目标三维度的分散理解并非让我们去把它们孤立开来，因为这三个维度其实是相互渗透、相互交融的。如第二阶段中“能不拘形式地写下见闻、感受、想象，注意表现自己觉得新奇有趣的或印象最深、最受感动的内容”，这一条就既有过程方法的指导，亦有情感态度方面的内容，更离不开“知识能力”的范畴。

以“写自己喜欢的小动物”（人教版小学语文四年级下册积累运用三）为例。其教学目标可以这样梳理：（1）选择自己喜欢的小动物，并要明白自己喜欢的理由。（2）悉心观察，了解它的一些特点，按一定顺序写下来，

注意写出对它的喜爱之情。(3) 可以写它的外形、脾气等特点，也可以写它怎样捕食、怎样嬉戏、怎样休息等习性。还可以写你和它之间所发生的事情。(4) 写完后读一读，学会修改不通顺、不清楚、写错字的地方。这四个目标中，第一个侧重于“情感、态度”目标；第二个侧重于“过程与方法”目标，也包含能力、情感方面的内容，如“观察能力”“喜爱之情”；第三、四个侧重于“知识与能力”这个维度。

(二) 彰显人本，落实主体

在习作教学中彰显以人为本，落实以学生为主体，是实现三维目标整合的必经途径。体现以人为本，重视人文精神是语文课程改革的出发点、突破点、新定位。工具性和人文性的统一成为语文课程的基本特点。从这出发，我们不难看出，过去的作文教学落实的只是“工具”这个范畴。而人文精神的缺失成为当时作文教学的最大遗憾。假、大、空的文章便是在这种环境中应运而生。可以看见，这样的文章连“工具”作用都将消失殆尽，更何谈有助于个性的发展、生命的发展。

因此，在语文教学重新召唤人文精神的今天，习作教学也必须义不容辞地关注生命个体发展，落实学生主体地位，从学生发展的内在需要出发，熏陶其情感、培养其个性、提高其能力。

1. 从自信心、兴趣的培养入手实现情感目标

福州市乌山小学的“快乐作文”教学，就是一个很好的佐证。有了“快乐”，才会作文，而会写作文，我更快乐。在这里，“情感、态度”这个维度的目标与习作训练已紧密相连，形成良性循环了。看了这样的课，我们就明白“快乐”不再只是作文教学的途径，而是成为习作的最终目的之一。

“桌上拔河”“猜硬币”“有趣的扮鬼脸”……单从这些内容的选择上，我们就能感受到学生参与的热情。这些以一项简单、有趣、人人都能参与的小活动开始的习作课深深吸引着每个学生，激起了兴趣。再加上教师有步骤的引导、参与，学生习作便如囊中取物、水到渠成了。我也曾用吴国珍教师设计的“桌上拔河”习作教案在自己的班级中尝试了一下，结果每个学生都热情洋溢，欢乐之情充满整个班级。看到这种情景，我在想，即便这节课里学生还不能写出令我较为满意的作文，也不能言败，因为学生的快乐已说明这节课达到了情感训练的目标。而事实是，学生作文中的“假话、套话”少了，多的是自己真实感受的写照、精彩场面的描述、快乐心情的表达。每一篇、每一句都显得那么真实、可信。许多学生还由衷地发出感叹：原来，作文还可以这么有趣！由此可以证明，达到了一定的情感训练目标，能力目标就可能随之实现。

2. 从创新精神的培养入手，实现能力目标

作文是学生的精神家园，有个性，他们的天空才有自己的颜色；有创意，他们的家园才会更显精彩而充实。在应试教育的影响下，学生的作文大都变成了与个性、心灵毫不相干的东西，创意更是谈不上。为了得高分，不愿抒发自己的情感，唯恐它是不那么高尚的；为了得高分，不愿表露自己的思想，唯恐它是肤浅的、片面的；为了得高分，不愿用自己的语言，唯恐它太幼稚、不成熟、不深刻。伪善化的情感，功利化的思想，成人化的语言便充斥其中，真正失去的是“真我的风采”。我们当然不需要去培养这种“能力”，我们需要的是塑造学生的个性特点，培养学生的创新精神。只有这样，能力目标才能在一个更高的层次上得以实现。

这是一个三年级的女孩子写的作文，题目是《冬天的早晨》：

“东方的地平线上泛起了红光。积雪闪耀着令人目眩的一片白色。银灰色的霜在树枝上闪闪发亮。树林披着它的雪白的盛装，快乐地朝着太阳微笑。空气又清洁、又新鲜。天空没有一片云彩。只要你稍微碰一下松树枝，像金刚石一样的雪块就会纷纷落到你的身上。你再向远处眺望：那里展开的一望无际的雪原。也可以站在林间的空地上，尽情欣赏冬天的早晨的美景。”

的确，这就是富有个性的眼光，用自己独特的心情去审阅周围的事物，得到的是与众不同的感受，这便是有所创新。正如目标中所表述的：注意表现自己觉得新奇有趣的或印象最深、最受感动的内容。珍视个人的独特感受，要实现这个目标，主要还在于为学生的自主写作提供有利条件和广阔空间，减少对学生写作的束缚，鼓励自由表达和有创意的表达，在培养学生丰富的情感和指导学生加强日常积累的基础上让学生学习写想象作文。

3. 从习作基础实践入手，实现方法目标

关于“过程和方法”的指导，在小学阶段的习作教学中，主要是引导学生“在习作中尝试运用自己平时积累的语言材料”“能根据习作内容表达的需要分段表述”等。这实际上也是落实学生主体地位的一个重要方面。那么在作文教学中，教师首先应该想到的是如何引导学生对日常所积累的素材或知识进行再呈现和筛选，夯实学生的作文基础。

让学生体会到作文是生活的一部分，作文与做人密切相关。这一点语文名师于永正在作文教学课堂中体现得淋漓尽致。

善于在生活中寻绎信息，善于在习作中以理喻人，是于老师极具特色的招数。在习作指导过程中，于老师创设的情境既与生活息息相关，又贴切、生动、幽默，很容易让学生在不知不觉中掌握了作文的方法。如《写寻物启事、写表扬稿》的教学：

教师创设的情境是让全体学生都很自然地注意到教师的黑色提包不见了（因为事先安排好的一个学生把玩具放在教师的提包里，课一开始，教师又请大家观察自己带来的玩具），从而引出生活中常遇到的急需解决的问题——写寻物启事。这个引入的确是巧妙、有趣。经历了这个过程的学生就能深刻体会到作文原与生活需要是密切相关的，并锻炼了解决实际问题的能力——习作实践能力。

由此可见，能力目标与过程方法虽然各是一个维度的目标，但事实上，它们又是相互依存、相互为前提的。在这种作文基础实践中，学生积累的不只是习作的方法、技能，更发展了适应社会发展需要的写作能力、语言能力、思维能力。

（三）走进生活，实现整合

我们期待的理想状况是：学生在兴趣盎然中通过一定的过程和方法，掌握了习作知识和技能。而事实上要实现这种整合，教师肯定需要拓展作文课堂广度，让课堂贴近生活。正如前面所说：作文离不开生活。把课堂向生活靠近，无疑是还习作教学本来的面目。也只有让作文走近生活，才能真正实现三维目标的整合。正如一位资深的语文编辑说：“文章的本质是作者对世界、对生活的一种个性化体验、思考、感悟和表达。”它是发自心灵深处的声音。每个热爱生活与生命的人都拥有这种表达的自由与权利。

从这个意义上说，我们应该以一种平民的心态与眼光去指导孩子们的写作。这种论述真是鞭辟入里。对待作文的情感和态度正如热爱生活与生命，我们需要的方法也绝不是条条框框，而是表达的自由与发自心灵深处。有了真挚的情感，解除了习作套路的枷锁，学生的语言能力和思维能力将如鼓了风的风筝一路高飞。

归根结底，学生习作原本来自生活，那也终须回归生活。只有在生活这个大熔炉中，才能最终实现习作三维目标的真正融合。

风往哪儿吹？
我可以不在乎，
在我心里，
学生在哪儿，
风就往哪儿吹，
风往哪儿吹？
我可以不在乎，
在我心里，
课堂在哪儿，
风就往哪儿吹。
风往哪儿吹，
我都一定，
守候我的学生，
守候我的课堂。

第二章 谁是被遗忘的人

——作文教学应重视主体意识

作文课堂里，谁是被遗忘的人？谁被藏得很深？又是谁最后都变成伤痕？是学生。在倡导以人为本的新课程理念指导下，作文教学中的主体应该是学生。教师必须改变旧有的教育观念和教学方式，让学生成为作文教学的主人，让学生习作变得有生命、会呼吸。

歌手沙宝亮演唱的歌曲《被遗忘的人》中有这样的歌词：

我是一个被遗忘的人

我把自己藏得很深

那些重蹈覆辙的愚蠢

最后都变成伤痕

……

那么，作文课堂里，谁是被遗忘的人？谁被藏得很深？又是谁最后有了伤痕？

是学生。

当我们口口声声说“学生是学习的主人”时，

当我们在大谈作文教学教法的时候，

当我们面对一篇篇学生写成的作文时，

我们是否想到过学生心中所想、所愿？

是否想到过叶圣陶先生说的“作文即生活”？

是否想到过林语堂大师说过的——要学“作文”，先学“做人”？

我们理当反思——

一、我的课堂谁做主

我的地盘我做主。那么，“我”的课堂谁做主？

这要看怎样理解这个“我”。

当老师认为这个课堂是自己的舞台，尤其是作文公开课，那是自己的表演时间与空间，关系着自己的成败与荣辱，关系着教学成绩与得失时，那么，这个课堂，自然是老师的，也注定是老师做主的。

当老师认为这个课堂是关系着学生的成长的，是关联着学生的生活的，是关乎着学生的情感的，从而关心学生的写作兴趣，关爱学生的写作困难，关注学生的成功体验……那么，这个课堂属于他所爱着的学生，这样的老师也一定会让学生成为学习的主人。

（一）做主，就要体现主体性

“习作”的“习”是学生的行为，学生才是“学习”的主人，他们才是课堂教学的主体。突出学生的主体性，才符合“以本为人”的理念，才会让学生在课堂中感受到自己的存在，感受到自己的发展。

特级教师贾志敏的作文指导课《记一件________的事》，第一课时中竟用了大部分的时间用实物（橘了）指导学生练习观察与体验，然后才进入“小品表演”——写事练习，学生的习作过程不再是凭空想象、闭门造车，而是参与其中体验乐趣。

1.

师：（出示一个大橘子，放在学生容易看见的位置）这是一个橘子。（板书：这个橘子真可爱）谁来读呢？（一生读）

师：读得一般，谁再试一下？（又一生读，“这个”拖调了）

师：不是念“这——个”，应该念“这个”，语速要快些。你读。（学生读）

师：你读得真好！大家一起读。（生齐读）

师：（板书：啊）在前面加一个“啊”，谁能读好？（生读得不错）

师：啊，这个橘子真可爱！怎么个“可爱”？要用事实说话，要表达形象，要把话写具体。怎样写具体？要——（板书：观察）观察，指的是以看为主，对事物进行调查。观察要——（板书：仔细）如果要写这个橘子，你们可以从哪几个方面来观察？

（生说了颜色、形状、大小，师板书）

师：小朋友真聪明！还有吗？（见学生不举手，老师走过去，拿起橘子，作了一个“掂”的动作）

生：（脱口而出）重量。

师：（板书：重量）好！再近一点呢？（师把橘子送到鼻子前，做出嗅的动作）

生：（抢答）味道。

师：（反问）是味道吗？鼻子能知道它的味道吗？

生：（恍然大悟）香味。

师：（板书：香味）再仔细观察。（特意展示了橘子带叶的柄）

生：这个橘子上有叶子。

师：一般橘子都没有，这是这只橘子的个性。（板书：特征）现在剥开橘皮，你就看到——（生：橘瓤）一尝就知道——（生：味道）

师：这样观察就仔细了，如果把观察到的内容写下来，也就具体了。（板书：写得具体）

2.

师：光写具体还不够，文章还要生动，怎么写才生动呢？那就要展开想象，（板书：想象）想象要合理。（板书：合理）把你想象到的写进去，文章不就具体、生动了？

（师手拿橘子，引导生边看边展开想象）

师：颜色——

生：黄中带绿。

生：黄中透绿。

师："透"用得好，这说明绿色是慢慢显现的，很淡。形状——

生：圆溜溜的。

生：像一个小南瓜。

师：大小呢？

生；有我的拳头那么大。

师：请你掂一掂，它大约有多重？

（生用手掂了掂）

师：（把橘子送到一个学生鼻子前）你闻闻。

生：清香。（师又送到另一个学生面前）

生：一股淡淡的清香。

师：对，不是刺鼻的香，再看特征，橘子上有叶子，像什么？

生：像顶着一个小小的帽子。

师：再想开去，它一定是——

生：它一定是刚摘下来，一定很新鲜，一定很好吃。

师：（剥开橘皮，请了一名学生）你数一数，一共有多少片橘瓤？（生数，共有12瓤）

师：它看着像什么呢？

生：像含苞欲放的花骨朵。

生：好像12个胖娃娃围在一起说悄悄话。

师：（让两位学生摘下两瓤）你们尝一尝，什么味道？

生：甜滋滋的。

生：甜中带点酸。

3. ，

师：我们以“啊！这个橘子真可爱啊”为开头写一段话。（具体讲了写的格式要求，生练笔）

（生练笔后交流）

生：啊！这个橘子真可爱。

师：你读出了感受，我听了，也觉得这个橘子真可爱。

生：它黄中透绿，扁扁的，像个小南瓜。

师：写得形象。这么一想象，文章就生动了。

生：又像节日里挂着的灯笼。你看！你看！

师：好！这儿为什么要两次用“你看”呢？可以更好地表达出惊喜的感觉，小孩子就喜欢这样说话。

生：放在手上掂一掂，沉甸甸的。放在鼻子前闻一闻，有一股淡淡的清香。

师：“闻”“有”可以去掉。另外，“放在鼻子前一闻”和“一股淡淡的清香”中间缺了一个字。你再读，读好了，语气出来了，这个字也就出来了。

生：（一连读了好几遍，直到读进去仿佛为清香所陶醉时，“啊”字脱口而出）放在鼻子前一闻，啊，一股淡淡的清香扑鼻而来。剥开橘皮，我一数，一共有12瓤，它们多像12个胖娃娃围在一起说悄悄话。

师：加上“着”和“呢”，再读一下。

生：它们多像12个胖娃娃围在一起说着悄悄话呢。我摘下一瓤，放在嘴里。

师：“放”是把东西放在桌子上、阳台上等。嘴是一个腔囊，应该说“放进”。

生：我摘一瓤，放进嘴里，咬了一口，甜滋滋的，还有点酸溜溜的感觉。

师：是感觉？

生：还带有酸溜溜的味道。真是“吃在嘴里，甜在心里”呢。

师：这位小朋友写“吃”用了12个字，三个动作：“摘下一瓤，放进嘴里，咬上一口”。写得细腻，文句通顺，好！

……

在指导观察的过程中，学生运用了“摸、闻、剥、尝”等方法进行体验，这种体验也许平常也有，但像现在这样非常“专业”地去观察、品尝，一定是感受深刻的。因此，学生的作文中就多了自己的切身感受，这种体验与感受对学生的表达是至关重要的。有了这种练习，下一课时根据师生即兴表演的小品写一件“事”，就显得顺风顺水了。贾老师的课堂里，学生是主人。

（二）做主，就要培养主动性

很多时候，我们仅仅是在口头上要求学生写出“真情实感”，却没有什么真正实用的办法让学生能做到这一点。也就是说，学生要写作文，要写出自己的感受，并非源于“有感而发”，并非“情动而辞发”。而事实上，只有找到一种办法，让学生能够“情动”，才能让其主动。也只有“主动”了，才算真正在做主于课堂。如何才能让学生“情动辞发”，主动表达？名师张祖庆的《新体验作文》课堂教学可以给我们带来一些启发：

……

教师通过一次简短的“考试”来考查学生的记忆力、思考力和判断力，结果，除一个学生外，其余学生全部“上当”，于是教师引导学生说出自己的真实感受，并在黑板上写下关键词：骗人、忽悠、假的、耍、奇怪、气愤……

在教师与学生的一场对话与“辩论”之后，学生开始习作。教师巡视，对个别学生进行辅导。

……

师：请放下大家手中的笔，同学们用自己的笔思考着刚才的那一幕，在纸上思考着刚才的那一幕。很多同学的笔非常犀利，看得我一阵阵的心底发虚。很多同学的思考很深入，又让我感觉到了一丝欣慰。还有不少的支持者。同学们，这就是文字的力量，文字可以把自己心中想说但是没有说清楚的话完整地表达出来。好，接下来，我们请一些同学上台，展示自己的观点。

（共七生上台）

师：我们来听一听他们的声音，发自他们内心深处最真实的声音。（对生 1）开始。

生 1（读）：什么？零分？明明都是照老师说的写，为什么是零分？难不成老师用最后一句话来告诉我们，前面的话都是假的？怎么回事？受人爱戴的老师，也会来欺骗我们？这个老师怎么可以这样？让白卷成为一百分，却让辛辛苦苦记忆的我们得了一个零分。用欺骗的手段而使我们懂得判断的重要性，虽然是用心良苦，但怎么能不顾及我们的感受呢？老师，您应该是为人师表，却把欺骗这种像利剑的东西用在我们身上，未免也太无情了吧。我认为，老师就是诚实的化身，是不应该欺骗我们的。

师：掌声，响起来。

（全场鼓掌）

师：好，（对生 2）你来表达你的观点。

生 2（读）：当考试以后，当老师公布答案以后，我的心里从疑惑变得气愤。为什么交白卷就可以得满分？为什么一张填满答案的卷子只能换来一个“大鸭蛋”？这一切到底为什么？“忽悠”“耍”等诸多词语从我的脑海里蹦出来。为什么这一切让我觉得老师在骗人？为什么老师评分时黑白颠倒？我觉得很奇怪、很气愤。白卷一百分，做完的试卷却零分、零分、零分。

师：注意，三个“零分”，她印象太强烈了，所以这“零分”里面包含着她的满腔的愤怒。

生2（接着读）：“0”这个数字像一颗种子埋进了我的心里。平日，老师总是教导我们要看清题目，而今天为什么连老师也背叛了题目，也学会撒谎了呢？

师：掌声响起来。

（全场鼓掌）

师：（对生3）来，你继续。

生3（读）：听到全班只有一个一百分，而其他的全是零分的时候，我的内心十分疑惑。老师不会是搞错了吧？但老师却说是在锻炼我们的思考力、判断力。我真不明白，凭什么一张白卷就是一百分，一张全都填对的试卷只有零分。老师这样说，是说思考力、判断力比记忆力重要吗？照老师的观点，有思考力、判断力就是交白卷，那以后所有的学生考试都交白卷，改卷的老师都会给他们一百分吗？不可能，我跟老师打赌，他们一定都是零分。我想跟老师说：想象是可以存在的，就算人类没有见过它，也没有见过化石，但人类有大脑，有想象力，从这个角度出发，我们都是一百分。因为这张试卷肯定了我们的想象力。就是因为有了许多想象力，才会有许多童话故事和这段美丽的文字的诞生。

（其余学生作品略）

学生满腹委屈、情绪激动，这在他们的文字中表露无遗。为了让学生写出自己的真实想法，表达自己的真实情绪，老师用了课文《一个这样的老师》（小学语文S版六年级上册）中的情节，让学生把那种“受骗”之后的真实感受表现出来，再从口头语言过渡到书面语言，整个过程学生都处于一种“主动表达”的状态之中。这样的课堂，学生做主。

二、为体验，将下水进行到底

网络上有这样一篇文章：

不会写作文的教师折了儿童的笔

某校曾举行过一次语文教师作文比赛，在《书的滋味》和《感动》两个题目中任选一个写一篇记叙文。请注意，这两个题目就是小学生课本里的作文题目。写出来的作文质量如何？不理想！

下面是比赛组织者对这次比赛中作文不足之处的分析。

1. 有少量错别字。如“旗袍”的“旗”将“方”字旁写成“衣”字旁，“赖以生存”的“赖”写成“耐”，“拨开我的手”的“拨”写成了“拔”，“唾手可得”写成“垂手可得”，“或者”的“或”少了一撇，甚至有个别写不出的字用拼音代替或空格不写。有一篇文章书写不工整，用涂改液将卷面涂得乱七八糟。

2. 有的文章出现病句，出现知识性错误，如把唐宋八大家说成李白、杜甫等。

3. 有的文章离题，写“书的滋味”扣不住“滋味”来写，竟然写成了对书的认识、对书的态度、如何选择书、介绍书的发展等。

4. 有的文章语言平淡，平铺直叙，难以吸引人。

5. 题材陈旧，缺乏创新，甚至还有“套”作文、抄袭作文的现象。

此次作文比赛中有许多文章写“亲情使我感动”，大部分写父母对儿女、爷爷奶奶对孙辈的关爱，很少有教师创新地写兄弟姐妹之间的感情，写夫妻之情，写晚辈对长辈的感情。就是写长辈对晚辈之情的，也往往离不开“生病”和“去世”两个话题，而“贫穷”似乎成了必需的写作背景，“筹集学费”似乎成了一个“热门”的话题。甚至还有的文章写雨中送伞、寒冷天送衣服等“套路”题材。更有甚者，竟有一篇文章写孩子给父母开账单一事，显然这是抄袭的。在小学六年级的阅读训练中就有这样一篇文章：孩子为父母做了点儿事，开出账单，向父母要多少钱。父母见了，也开了一张账单，上面写养育孩子不要一分钱。

……

哎，我们的教师，受过高等教育、专业培训的教师，竟然写不好小学生的作文！

为什么？

我们的教师长期超负荷地工作，整天忙忙碌碌，只是阅读小学生的课本，看一看小学教学参考书，批改小学生作业，经常辅导“差生”。一年半载下来，竟然没有像样地读过几本专业书。教上十年八年，大学里学的那点儿知识早过时了，水平跟小学生差不多了。

难道教师真的是蜡烛，照亮学生，就必须燃烧自己，牺牲自己的青春、智慧？难道一支漂漂亮亮的蜡烛从高等学府出来，教上五年八年书，真的就烧成一截丑陋不堪的蜡烛？

如何充实自己？提高自己？各级教育行政部门要思考，我们教师自己更要反省。

我以为，教师不是蜡烛，而是挺拔的树，伟岸的树，根扎得很深很深，根扎沃野；枝举得老高老高，枝插蓝天。扎根沃野，郁郁葱葱；枝插蓝天，风光无限。只有这样，教师才有资格教幼苗如何汲取大地的营养，才有能力激发幼苗冲向云霄的志向，才能微笑着欣赏幼苗成长的身姿。

老师们，只有我们的笔"熠熠生辉"，孩子们的笔才会"金光闪亮"。

崔峦老师说："我们看看身边的其他学科，数学老师要教学生某个定律、法则，必先自己解题；音乐老师教唱某首歌，必先示范唱上几遍，再一句一句领唱；体育老师教前滚翻，必先边讲解边示范，在垫子上滚上几个来回……唯独语文老师教作文，'君子动口不动手'。这是不正常的。"

自己不会写作文，却教学生写作文，这是一件很"幽默"的事情。而且这还不是个例，很多语文教师不会写下水文，已经是一个公开的秘密，用纸上谈兵这个词来形容这种行为，应该是比较贴切的。然而，有老师认为，不会写下水文的老师仍然可以培养出一些优秀的学生啊，这又如何解释？我想，余文森教授说过的一句话可以引为一用——优秀的学生不是你教出来的。这话虽然极端了点，却是有几分道理的。评价习作教学是否有效，应当以全体学生的写作水平来衡量。

还有老师说，不会写下水文，教师在教学中引用他人写的范文，效果也是一样的。为什么一定要会写下水文呢？

问题问到了点子上。确实，下水文与平常的一些范文在课堂教学的某些功效上是相同的，但是写下水文究竟有多重要？写过才知道。

（一）写过才知道有多难

叶圣陶先生认为，教作文的教师经常动笔，十分必要。他语重心长地说："语文教师教学生作文，要是老师自己经常动笔，或者作跟学生相同的题目，或者另外写些什么，就能更有效地帮助学生，加快学生的进步。”

那么，写下水文如何会更有效地帮助学生，加快学生的进步呢？最首要的原因是教师在学生作文前对作文的困难能做到先行体验，能在指导前做好充分的准备，而不再是凭着“感觉”进行预知预判。在评判学生作文的时候，我们往往可以明显地看出学生作文中出现的问题，如重点不突出、描写不具体、语言表达不够富有活力等。但是，当自己动笔的时候，我们一定会发现，要做到这些基本的要求有时也挺不容易的。

去年，我在校内动员所有语文教师在写作文教案时简化其他内容，重点写好下水文，结果，许多教师并没有坚持下来。本人在写苏教版小学语文五年级下册习作一的下水文时，就犯难了。

【题目】有些文章是经过对某一事物的多次观察才写成的，《二八月，看巧云》一文就是这样。经过观察，作者发现二八月的云巧在形状和色彩这两个方面，本文重点写了形状的变化。这里面又分三种情况：集中在一起的云、分散的云和鱼鳞云。这些变化绝不是一天之中就能观察到的。

请你观察一种自然现象，如朝霞晚霞，月圆月缺，春风春雨，雾起雾散，等等，把它的变化特点写出来，题目自己定。

习作 1

二八月，看巧云

奶奶常常对我说：“二八月，看巧云。”奶奶说的“二八月”，指的是农历。所以到了春天和秋天，我特别注意天空中的云，看它巧

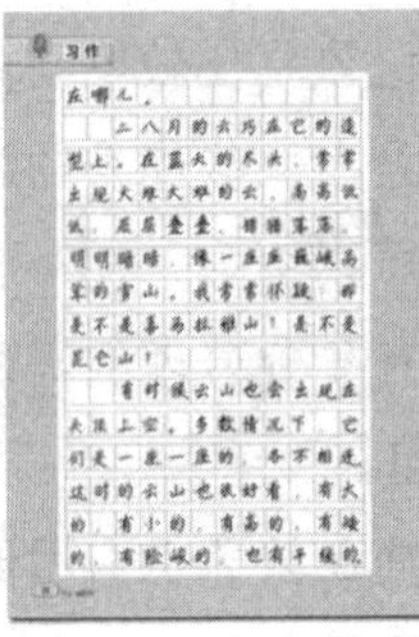
写作

在哪儿。

二八月的云巧在它的造型上。在蓝天的尽头，常常出现大堆大堆的云，高高低低，层层叠叠，错错落落，明明暗暗，像一座座巍峨高耸的雪山。我常常怀疑：那是不是喜马拉雅山？是不是昆仑山？

有时候云山也会出现在头顶上空。多数情况下，它们是一座一座的，各不相连。这时的云山也很好看，有大的，有小的，有高的，有矮的，有险峻的，也有平缓的。

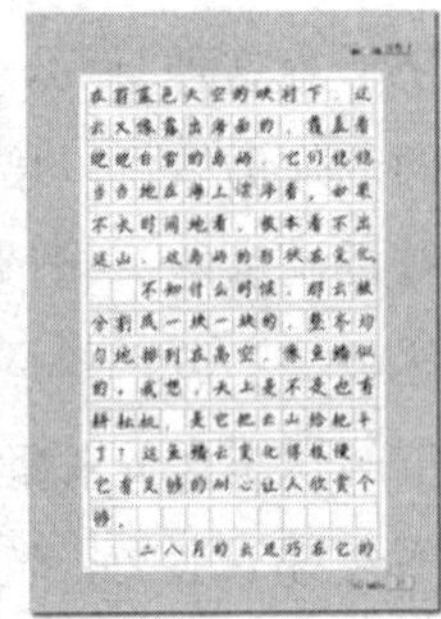
在蔚蓝色天空的映衬下，这云又像露出海面的，覆盖着皑皑白雪的岛屿，它们悠悠地在海上漂浮着，如果不长时间地看，根本看不出这山、这岛屿的形状在变化。

不知什么时候，那云被分割成一块一块的，整齐均匀地排列在高空，像鱼鳞似的。我想，天上是不是也有耕耘机，是它把云山给耙平了！这鱼鳞云变化得很快，它有足够的耐心让人欣赏个够。

二八月的云还巧在它的

写作

色彩上。这时的天空特别高，特别蓝，云薄而白，很有美[illegible]之。到了傍晚，那云就会披霞光，显得五彩缤纷。有时同一朵云也往往会有多种颜色。

虽然教材中有现成的范文《二八月，看巧云》，但是，既然题目中说“这些变化绝不是一天之中就能观察到的”，那么，我该如何写这样的一篇文章呢？是连续观察几天，还是观察一段时间？再说，有一些自然现象不是想观察就能观察到的，比如“雾起雾散”“朝霞晚霞”，这些自然现象可遇不可求。权衡利弊，我知道，要利用一段时间来观察某一自然现象，再来写这一篇文章不现实，那我只能利用一个晴天的清晨，观察一下日出时天空的一些变化，以完成这次练习。然而，就是这样的一个小小的想法，竟然都难以实现。山区县城的天气淫雨霏霏，我一周之内没有等到一个晴天。于是，我只好决定，把作文的内容范围进行缩小，直接引导学生观察山城的春雨，写出春雨的特点。在习作指导课上，学生开始写作文，我也开始写作文，师生在同样的时间、空间里共写同一篇作文——《山城春雨》。待学生都写完后，我读了自己写的作文，赢得了学生的啧啧赞叹。最重要的是，因为是同题作文，学生开始对照自己的作文进行修改。我还向他们讲述了写观察作文的难、观察作文的技巧。现身说法，学生佩服之余，也表现出了极大的热情。

正是这次体验，让我知道了作文指导必须未雨绸缪，提早准备，否则到了该作文的时候，再让学生在课堂里凭空想象，用“回忆录”的方式写观察作文，一定无法达到最好的练习效果。

山城春雨

陈步华

山城寿宁，山好，水好，空气好。生活在这里，我是引以为傲的。唯一让我感到遗憾的是，晴天太少，雨天太多。尤其是春天，总是淫雨霏霏，能见到阳光的日子总是屈指可数。

但是，春雨毕竟是充满魅力的，不知不觉中，它征服了我。

春雨是透明的。晶莹剔透的雨丝从空中飘落下来，无声无息，却又无遮无挡，仿佛丝毫没有阻挡你的视线。春雨是绿色的。它把树木洗得透透的，让常绿的树木悄悄吐出新的嫩叶，也不知道是春雨绿了树木，还是树木让你觉得春雨是绿色的。春雨是黄色的。花坛里的那些迎春花，在细细密密的雨丝中轻轻摇曳，黄色花瓣上雨水凝结，滴落，仿佛也成了黄色的。春雨，还是彩色的。放学了，操场上，校门口的路上，无数的小伞像盛开的花朵，五彩缤纷，挨挨挤挤，映得春雨也成了彩色的了。

山城的春雨，妙就妙在姿态上的变化无端。清晨，走在去学校的路上，也许只是觉得空气潮湿，扑面而来的是湿气。事实上，这是如绵羊毛一般稀稀疏疏的春雨在漫天飘飞，看不见形，却感觉得到它的存在。时近中午，也许春雨已经化作千万道细细的雨丝斜斜地立在天地之间。走在雨中，你可以感觉到它的温柔和清凉，但也一定会让你“沾衣欲湿”，如果上午出门没有带伞，那么此时也许只能接受春雨的洗礼了。傍晚时分，春雨不再有这样的耐心，细丝夹杂着雨滴，落在伞面上，都能听到嘀嗒声，仿佛是一曲低沉委婉的奏乐。

“随风潜入夜，润物细无声。”山城的春雨虽是润物无声，却不只是“入夜”而来，而是日夜不停，随时光临。也许正是它的存在，才是这里始终拥有纯净空气的真正原因吧。

（二）写过才知道有多好

苏霍姆林斯基针对教师教作文而不写文章的情况，说：“他们教的学生不会写文章，其最简单的原因是教师自己不会写文章，学生从来没有听到过教师自己谈作文体会。这种教师即使让他们用最完善的教法教十年，也是教不出东西来的。”教师的下水文有怎样的效果呢？写过才知道。

我在《新作文》杂志上看到一篇文章，题为《“下水”——何时最相宜》。文章介绍了韩老师在作文课堂现场在黑板上为学生写下水文，在这段时间内，几十位学生在看老师写作文，教师虽是有备而来，可在学生眼中却是现场作文，于是学生中敬佩的眼光有之，赞赏的眼光有之，羡慕的眼光有之。总之，这引起了极大的轰动。

该老师在指导中现场“下水”，表现出一种勇气、一种睿智，也展现出他的积累和底蕴。这样的习作指导过程是学生在平常的作文课中很少见识到的。正如作者所言：“‘全程’示范作文，不仅给学生提供了一个可供模仿的‘下水文’实例，更重要的是让学生看到了作文的思维过程，有了一种近乎切身体验作文的感受。”

相比这样的作文指导，我们平常的作文指导是否如同纸上谈兵？都说“春江水暖鸭先知”，如果不“下水”，又怎知“春江水暖”？平时我们考虑的最多的是老师指导作文之难，殊不知学生作文更是不易。可以说，我们的作文课缺少的正是从老师到学生的多维度体验。

体验——老师先于学生

作文教学历来都提倡语文教师要能写下水文。其目的有二：其一，给学生一个范例，让学生“依葫芦画瓢”；其二，教师先行体验，感受学生作文难处所在，然后在指导中寻找突破口。遗憾的是，许多教师只看到下水文的第一层功能，认为既然只是范例作用，那就在作文选中找一篇类似的习作读读作罢，这可谓“捡了芝麻，丢了西瓜”。从韩老师的教学实践不难看出，老师先于学生“下水”体验，使得老师对习作难点有着准确的预见性，也一定能让学生消除一些畏难情绪，直至激起学生的习作热情。

体验——身教胜于言传

有个故事说一个不会游泳的教练居然训练出一个游泳冠军，这几乎成为许多“不善下水”或“不屑下水”的教师的最好借口。我想，如果至今还有人以此为据否定“下水”的作用，抱着一个特殊案例不图变化，这无异于守株待兔。事实证明，韩老师的这次亲身体验，让学生直观而实在地看到了一次他人的习作过程，而且看得真真切切、明明白白。相比之下，如果课堂一味强调选材、立意、构思等一些习作技巧，使指导课变成了理论课，纵然老师滔滔不绝、环环相扣，学生也许还是雾里看花、水中望月。

体验——过程重于结果

学生有过自己的作文体验，也看过他人的优秀习作。但对于他人的习作过程，可以说绝少直击。身为教师对这些现象应该不难理解，许多学生的真正习作过程几乎是在“秘密状态”下完成的，哪怕是教师也不让看。而今天，教师却把自己的习作全过程展现在学生的眼前，学生当然求之不得了，于是豁然开朗之感随之而来，群情激昂之状不再难觅。这种效果，岂是教师随便拿篇“优秀习作”来范读一通所能比拟？从韩老师的这节课看来，如把当堂“下水”换作课前“下水”，只让学生看看结果，没有过程的展示，课堂效果也是不可同日而语的，更别说课后“下水”或干脆当个“岸上旱鸭”的教学效果了。

“下水方知春江暖，师生共写天地宽。”体验作文的激情，体验作文的快乐，将下水进行到底，与我们的学生一同畅游文海吧！

三、为生命，将倾听进行到底

宁愿相信，作文是情感的产物。

宁愿相信，作文是内心的交流与沟通。

宁愿相信，作文就是真诚的对话。

王崧舟老师说："我觉得语文教育的灵魂就在于'情'字。"

有人说："数学是思维的体操，语文是情感的舞蹈。"

刘勰在《文心雕龙》里说："夫缀文者情动而辞发，观文者披文以入情。"

学生的每一篇习作，都是生命成长过程中的一朵小花。这朵小花，需要爱的浇灌，需要情的呵护，更需要教师学会倾听，倾听花开的声音。

（一）倾听是习作教学最敏感的触觉

有一段时间，班级里突然开始流行写"同学录"。看来，现在的学生很能跟风，才五年级的学生，就像即将毕业分手的学生一样写纪念留言。还有学生也给老师发一张卡片，让老师在上面写上留言。出于班级管理的考虑，我开始与学生交流，看了他们的部分卡片，除了"姓名、生日、星座"等基本资料外，还有"最喜欢的一位歌星""最喜欢的一句话""最讨厌的人""最爱的饮料""最喜欢的水果"等爱好特长，更重要的是写留言、同学寄语等。

总体来说，我还是比较支持学生之间加强这种文字上的交流。注重友情的培养，毕竟这是人生中一份宝贵的财富。只是那些留言，我真不敢恭维：一是内容单调，不丰富也没特色，不是"祝你天天快乐、笑口常开"，就是祝你"学习进步、人生幸福"；二是思想不纯，什么"早娶美女、早生贵子"，什么"当官发财、四方进宝"；三是语言粗俗，过分玩笑、黑色幽默充斥其间。虽然这种"同学录"形式活泼一些，内容随意一些，是情有可原的，但是从这些留言中可以看出，学生的语言积累贫乏，运用能力较低，更不懂得表达真情实感，这一定是需要引导的。学生告诉我，没什么好写的，或者想不起来该怎样写，于是就随意写了这些句子。

于是，我萌生了这样的念头：同学，朋友，既要懂得珍惜，更要懂得保存，“朋友”这个话题，不是一个很好的作文素材吗？我要让学生学会积累一些关于“友情”的素材，并尝试着进行运用。

某天的课堂里，我开始了这样的尝试：

、

师：在同学们的生活中，你耳熟能详的歌曲里，哪些是唱朋友的？你能唱一唱其中你印象最深的一两句歌词吗？

生：“朋友一生一起走，一声朋友你最懂……”

师：这是周华健的《朋友》。

生：“朋友啊朋友，你可曾记起了我，如果你正在承受不幸，请你告诉我……”

师：这是臧天朔的《朋友》。

生：我记得一首歌叫《永远是朋友》，里面有两句：“千里难寻是朋友，朋友多了路好走……”

生：“朋友，你今天就要远走，干了这杯酒……”

……

师：从这些歌词中，你觉得应该怎样对待友情？

生：喝酒送别。

生：珍惜两人之间的友谊。

生：不能误会对方。

生：要信任自己的朋友。

（根据学生发言板书：彼此知心　互相关怀　珍惜友情　真诚相待）

评析：既有曲调又有情。课始的歌曲渲染除了具有调动气氛的功效之外，还能让学生直入本课的中心，明确朋友的真正内涵。同时把如何对待友情概括提炼出来，让学生在后面的表达和倾吐有了一个思想主题。

、

师：谁能说说你知道的伟人之间重视友情的故事？例如：马克思和恩格斯之间的友谊。

出示描写友谊词语：

良师益友　推心置腹　情深意切　亲密无间　形影不离

促膝谈心　握手言欢　以诚相待　情同手足　莫逆之交

携手并肩……

出示描写友谊的格言：

(1) 人生得一知己足矣。——鲁迅

(2) 友谊像清晨的雾一样纯洁，奉承并不能得到它，友谊只能用忠实去巩固它。——马克思

(3) 有了朋友，生命才显出它的价值。——罗曼·罗兰

(4) 在欢乐时，朋友会认识我们；在患难时，我们会认识朋友。——柯林斯

(5) 财富并非永久的朋友，但朋友却是永久的财富。——托尔斯泰

……

说说每一句格言中都是从哪个方面评价友情的。

评析：腹有诗书气自华。本环节看似单纯的积累，实际上却是与下面的运用表达分不开的，而且在积累的同时，学生能透过字面理解故事、词语、格言中的内涵，进一步感受朋友的真谛。工具性与人文性初次整合。

、

1. 朋友“聚会”

师：请在本子上写下自己的好朋友的名字，让他们同时聚在你的笔下。并想想他为什么与你是好朋友。他的外貌特点如何，性格、兴趣、爱好，甚至缺点都是什么。

2. 锁定“最好”

师：这么多朋友中，谁是你最想向他人介绍的一个，为什么？找一找他是你最好的朋友之理由。

评析：大珠小珠落玉盘。珍惜友谊从身边的每一个朋友开始，让学生把朋友全部召至笔下“聚会”，正是让学生检验自己的人气指数，自己与人相处的能力如何。同时，这又为下一环节的口头表达和书面表达作好铺垫。一石二鸟的技法正是工具性与人文性的第二次交融。

、

本环节采用同桌合作的形式进行。

1. 介绍朋友

向同桌同学介绍自己的好朋友，要求如下：

外貌、性格、爱好、兴趣、缺点，哪一样让你印象最深就介绍哪一样，不要面面俱到。

可以介绍朋友与你之间发生的事情：互相帮助的，合作完成的，受到表扬的，发生误会的，都可以。

在听对方介绍的时候要耐心认真，之后给予评价和建议。

2. 集体反馈

推荐学生上台介绍朋友，引导学生进行有序表达。

3. 总结思路

(1) 要把内容写具体，就必须从人物的事件出发，让“朋友”的性格特点、爱好兴趣在事件中有效彰显。不能把外貌、语言、神态、心理、行动等方面机械地割裂开来。

(2) 把语句写通顺，能用在上课内外积累的一些故事、词句、名人名言等为文章增添生动性。

(3) 可以在文章中包涵一定的主题。(可以参考第一个教学环节中归纳出来的“彼此知心、互相关怀、珍惜友情、真诚相待”)

评析：天光云影共徘徊。在互动交流中，学生又经历一次与他人交流的机会。在以朋友为主题的交谈中，和谐和友好的气氛是学生表达能力训练的助推器。情境与真实融为一体，感性与理性相互交错，对朋友的理解必将让学生刻骨铭心。

、

1. 习作初稿

根据刚才自己的介绍及同桌同学给予的建议写作初稿，提倡在动笔之后一气呵成。

2. 指导修改

向前后桌朗读自己的作文，并在自己认为引用了名言警句、好词佳句之处加以语气强调，让同学注意你的引用是否合理妥帖。

认真修改习作并誊抄，收入自己的“成长 QQ 好友”名录中。

人需要友情，也需要真情，生活才不会孤单。当学生在自己的习作中

倾注真情实感的时候，其作文已然有了感染力；当学生经历了“为朋友立传”的辛劳后，其心灵已然有了快乐。在这样的作文课堂中，学会表达与学会做人是如此默契，工具性与人文性是如此和谐。

（二）倾听是习作教学最优美的姿态

没有学会倾听，就没有优质的习作教学。权威研究指出，在语言运用能力培养的过程中，“听、说、读、写”四种方式中，“听”对语言习得的影响力是最大的。除了教师该对学生有耐心的倾听之外，更需要强调学生倾听习惯的培养。倾听不仅是听他人在说话，更是听他人内心的声音，生命与生命的交流在倾听中得以实现。许多名师在执教作文课的时候，“听”就是一道亮丽的风景，贾志敏老师就是其中一位。先看其中一个片段：

（听话，找中心句）

师：我们都知道，一篇作文是由一个个段落组成的，每一个段落是由一个个句子组成的，每一个句子又是由一个个词语组成的。因此，写好作文，就要用好每个词，写好每句话和每段话。下面老师念几段话，大家认真听，仔细想，每一段话是围绕哪一句话来写的。

（师念第一段话）

生：这段话是围绕“小明是个粗心的孩子”来写的。

师：（跷起大拇指）你讲得真好！

（师念第二段话）

（生紧张，在师启迪下，第五次才说完整：“这段话是围绕‘河马的嘴比一般动物的嘴都大’来写的。”）

师：（提高声音，高兴地）真了不起！（走上前）我可以跟你握手吗？（跟这位学生握了手）你一共错了四次，第五次才正确，同学们都没有这种学习经历。学习就是要这样，错了没有关系。

（师又说了第三段话，学生很快答出）

这样几段话的听说训练，可谓平淡无奇。但效果如何呢？我们不妨来进行一种假设对比，把“听老师读一段话”换一种方式，比如用课件出示这段话，让学生找出概括句。我们发现，学生面对屏幕，文字更加直观、稳定，看一遍没懂，再看第二遍，于是学生往往比较自由，也存在一些惰性。而在听老师读的过程中，语音本身比较抽象一些，并且不能重复听第二遍，正是这种特点，使得学生在听的过程中注意力更加集中，学习的效果自然就更好一些。看来，在这样的时候，“听”虽然比较传统，却更有实效。这样的“听力”学习，还可以运用在范文展示、习作交流等环节中，有利于提升学习效果。

当倾听形成习惯的时候，思维反应速度就会更快，语言语感能力也将更强。贾老师在学生作文交流（面向全班）的时候，就是这样带领全班学生一起“听”学生读作文，然后一起评作文，能“听”能“评”，此招可谓绝。

生：（念）今天，我到附近的一个菜园里去抓蜜蜂。（师插话：小心蜇着）我抓了好一会儿，一只蜜蜂也没抓到。正在我心急的时候，（师插话：“正在”不要随便用，你用了“正在”，后面就要出毛病了）突然，飞来了一只小蜜蜂，我看见……（师插话：用不着“正在”，没有什么非常要紧的事嘛。一只蜜蜂也没捉住，不要用“突然飞来”，你面前有好多蜜蜂。应该说，这时候，在我面前出现）这时候，我面前出现了一只小蜜蜂，我看见后，连忙蹑手蹑脚地走到一棵菜的后面，弯下腰，（师插话：你要交代这只蜜蜂在哪里，是在飞呢，还是停在哪里。生回答：在飞。师说：在飞，那为什么要蹑手蹑脚呢？你应该快步，不应该隐蔽，应该飞快地，猛地）我猛地……（师插话：念不下去了？你再看看。谁再来）

生：（念）《捉知了》。知了真多，它们叫得是那么响！“你看，一只知了！”我抬头顺着小伙伴指的方向看去。（师插话：小伙伴？顺着，大家都指着？同时看到的？要交代是哪一个具体人）我抬头顺着小明指的方向看去，果然有一只知了停留在……（师插话：是停在）停在树上。老师告诉我们说：知了是聋子，你在它后面放爆竹，它也不知道。我掌握了知了的这个弱点，（师插话：掌握弱点？不对。不是掌握弱点，而是针对弱点或掌握知识）不慌不忙地绕到了知了的身后，竹竿上涂上了胶水，然后轻轻地举起竹竿，骤然用力一顶，竹竿上的胶水不歪不斜地粘在知了的翅膀上。这时，知了比刚才叫得更响了，它仿佛在叫：“救命哪！救命哪！”

师：“知了比刚才叫得更响了”，写得好。这说明你抓过知了，有亲身体会。下面，谁再来？

生：（念）爸爸到北京出差已经几个月。我很想念我的爸爸，每天扳着指头数，（师插话：指头？手指头）一天、两天、三天……我也每天问妈妈，爸爸什么时候能回来？妈妈也每天安慰我说："爸爸就要回来了。"有一天，妈妈突然对我说："明天你爸爸要回来啦！"我听说爸爸要回来了，高兴的劲儿也不提了，（师插话：也不提了？别提了，或者甭提了）高兴的劲儿就甭提了，整天像脚上安了一只弹簧似的，跳个不停。第二天，我和妈妈一起来到火车站。我看见火车还没有来，（师插话：这里有些跳跃了，到了火车站，又怎么样呢？这里要好好修改一下）我就学着电影里的公安人员，把耳朵贴在轨道上，听见……（师插话：允许吗？如果你真有这样的事，以后要注意。如果没有这样的事，那你是节外生枝。学生立即回答：是虚构的）不一会儿，一辆满载旅客的列车驶进了车站，旅客们拥挤着走下了火车。我忽然看见爸爸提着两个大大的旅行袋（师插话：这儿应该加一句：我踮起脚，伸长脖子，望呀，看呀）走下了火车。我马上挣脱了妈妈的手，奔了过去。"爸爸，爸爸。"我连声喊着。爸爸也看见了我，奔了过来。（师插话：奔）蹒跚地走了过来。爸爸放下旅行袋，伸出两只长满老茧的手，把我举了起来，（全班学生对"举"议论纷纷，认为不妥）把我抱了起来，说："一个月不见，你又长胖了。"（一阵欢笑声）我天真地说："不，爸爸，不是我要长胖呀，是他要长啊！"爸爸听了我的话以后，（师插话："以后"不要）两眼笑成了一条线。

在习作语言的推敲中，贾老师一丝不苟，严谨认真，比如"停留在"和"停在"的区别，"掌握弱点"的不妥，"以后"可以删去，等等。他的评点会很及时地穿插在学生读作文的过程中，这种即时的点评，没有经过事前的批改发现，没有通过屏幕投影显示，而是在听的过程中完成的，可见贾老师语言功底深厚，更说明他"听力"了得。在这种倾听式的教学中，学生也逐渐找到倾听的乐趣，在倾听中学习，在倾听中成长。

四、为沟通，将对话进行到底

冰心在《可爱的》一诗中曾这样赞美儿童：

除了宇宙，

最可爱的只有孩子。

和他说话不必思索，

态度不必矜持。

抬起头来说笑，

低下头去弄水。

……

在作家冰心的眼中，孩子如天使般纯真可爱。面对这样天使般可爱的孩子，我们“和他说话不必思索”，可以自由自在，可以无拘无束。遗憾的是，许多时候，我们的教育教学最缺少的就是“和他说话”。其实，对话，不仅可以缩短教师与学生之间的距离，也可以让教育教学工作变得多姿多彩。尤其是作文教学，有了对话，就有了沟通；有了沟通，就有了真情；有了真情，就生动如花。我们需要的是有生命的作文、会呼吸的文章，而不是写在作文本里，让学生自己和老师看了都觉得厌烦的、没有生命气息的“作业”。

那么，如何让学生告别“被动作文”，能根据自己内心主动愿望和需求进行作文？其实，有对话就有文章，书信教学就是一种极好的对话。

书信可以改善人际关系，可以为生活增添许多欢乐，这是因为作文与生活、作文与做人之间有着密切关系。往远的说，李斯给秦王的《谏逐客书》帮助了秦王完成统一霸业，也让李斯自己英雄有用武之地；王安石的《答司马谏议书》声明了自己的观点，又有力地反驳了司马光的错误论断；魏征的《谏太宗十思疏》提出了自己的建议，帮助唐太宗开创了贞观盛世。实践证明，书信是学生最容易接受，也是最愿意接受的作文形式。往近的说，在日常的教学中，倡导学生用书信式的方法交流，也可以解决很多问题，更可以提高学生的表达能力。让学生给自己写信，激励和鞭策自己；给同学写信，化解心中的矛盾；给家长写信，学会感恩和交流；给老师写信，提出愿望与建议……

（一）无言的交流——此时无声胜有声

作文是生命个体自主发展的需要，是主、客体角色交际的需要，也是小学生认识世界、体验角色心理的需要，同时还是提高自身素养，实现自我建构的需要。叶圣陶先生一贯主张作文与做人的统一：读书、作文、做人的统一；语言、文字、思想的统一；知识、能力、习惯的统一。由此可见，作文与做人应该是和谐融合的，教师应当让学生把对客观世界的认识、对人生的态度、对未来的憧憬、对真善美的追求，见诸真实、纯洁、健康的语言文字表达和交流过程中。

心理学研究表明，每一个人都有在交际中取得成功的渴望，遇到矛盾时更有化解不快的需求。而在日常人与人之间的交际过程中，难免会发生一些这样或那样的小矛盾。在这样的时候，语言的交流就成为改善关系的重要途径，此时的书信便是最好的天使，它能让无言的交流化解尴尬的局面，可谓无声胜有声。

小舟是我班的学生，他在学习、特长培养等方面表现都十分优秀，却无法与同学很好地交往，常常因为一些小事就与同学产生矛盾，以至于在选班委、表彰等方面总很少获得支持。他自己更是为此苦恼不已，一直想找机会改善这一局面。新学期开始了，他又想参加班委竞选，但几次的失败让他心有余悸，信心不足，只得求助于我。我针对他的情况给他支招：先分析自己与班级中的哪些同学有矛盾，再逐个写信表明自己想化解矛盾的决心，言辞要恳切，感情要真挚，别给人“拉票”的感觉；然后在竞选演讲词中主动承认自己的缺点并加以分析，提出切实可行的改正措施，下定决心提高自己与同学相处的能力。这样即便不能当选，也足以改变自己在同学心目中的形象。

几天下来，小舟写了十几封信，还精心写了一份演讲词。果然，他的竞选演讲博得了同学们热烈的掌声，在投票中也得到了同学们一致的支持，这是他进入高年级以来第一次获得同学们的认可，这篇演讲稿也在学校的评比中荣获一等奖。我拿这件事在班级中“大做文章”，用小舟的行动告诉每一个同学，写信是人际交往最好的方式之一，它不仅能让我们提高表达自己的想法和愿望的能力，还能增进同学之间的真挚情感。

（二）真我的表白——明明白白我的心

在生活和学习中，学生有更多的时候对现实的某些状况或做法是不满意的，每当这样的时候，总是希望自己能有发言权，发表自己的意见，这种动机便是不可忽视的潜力。但碍于表达能力的欠缺或是没有机会，学生心中所想总是无法明明白白说出来。《语文课程标准》中明确指出：“在写作教学中，应注重培养观察、思考、表现、评价的能力。要求学生说真话、实话、心里话……”这正是在倡导学生我手写我心。老师也需要抓住这样的机会让学生把自己的心里话说出来，写下来。

为了了解班级学生家庭的种种情况，也为了让学生体验一次生活作文，我在接手一个新的班级的时候，往往都会让学生写一篇《爸爸（妈妈），我想对您说》的书信，让学生想想自己有什么样的愿望需要对长辈说，有什么样的感谢需要对父母说，有什么样的建议需要对爸妈说等，学生对此都“知无不言，言无不尽”。这样，我在阅读学生习作的同时，不仅检阅了每一个学生的原有习作基础，还可能了解到学生家庭中的一些特殊情况，如父母离异、不够关心、外出打工、经济困顿等，从而从不同角度对学生进行关心和爱护，可谓一举两得。在每一个学期结束之前，我又会让学生对老师说一次真心话——《老师，我想对您说》，让他们提一提自己对老师工作的意见或建议。学生会率直坦诚地就我工作中的不足说出自己的想法，这样做不但再次让学生体验真我的表白，而且可以根据学生的建议回顾自己的工作，检讨自己的失误。

当然，在这样双赢的状况下，受益更多的是学生。多年的实践经验告诉我，学生喜欢这样的交流方式，学生的主动习作习惯也最能在这种激励和锻炼中得到培养。

（三）据理的说服——君子动“口”也动“手”

为了充分发挥学生的习作潜能，我还经常提醒学生：“要想说服老师，就要‘君子动“口”也动“手”’。”“动口”为口头表达，“动手”为书面表达。如果能抓住契机，让学生把无序零散的口头表达变化为系统有序的书面表达，那么，学生的表达能力就有了质的提高。

2006 年的 6 月份，正是德国世界杯足球赛举行的时候。高年级的男生最热衷于看球赛了，可这是总复习期间，如果让他们看世界杯，一定会影响学习的。但如果不让看，学生的逆反心理也同样会影响学习。于是，在课堂上我先亮出自己的观点："看世界杯会影响学习。"此时，一些男生按捺不住了，纷纷发表了自己的看法。等他们发言过后，我说："看来你们很想用你们的道理说服老师，但刚才这样凌乱不堪的发言我是听不好的，你们要想说服我让你们看球赛呀——还得写'书面报告'。"然后，我指导学生把刚才的发言按条理地整理一下，把所有"球迷"的理由综合在一起，用书信的方式写给我看，我再根据书信的水平答应他们的要求。

还别说，这些平时只爱看球的"大老粗"们，这一次却写出了"长篇大论"，分点论述，毫不含糊。我大大地表扬了他们，说他们作文的智慧还有很多，只是没有挖掘出来罢了，于是答应他们有计划、有选择地看球赛。另外要求他们在世界杯结束之后，选自己最喜欢的一支球队写一篇文章，要有独特的见解（这才像真球迷），然后在暑假期间开一个球迷心得交流会。

像这样的"书信辩论"，我的课堂中还有不少，比如"为上网而辩""为踢球而争"等，有效地激发了学生主动作文的积极性。

"心有灵犀一点通。"书信是点通心灵的神笔，也是点燃激情的火种。学生的主动作文激情一旦点燃，灵感和创造都可以成为现实。

一个孩子，就是一个故事；一个孩子，就是一朵奇葩。与他们真诚地对话，必然能走进他们的内心，也一定能让作文故事变得绚丽多姿。在一年又一年看似重复的工作中，我却在批改着一篇又一篇完全不同的作文，也在和一个又一个同学用笔对话。在我眼中，没有一篇作文在"重复昨天的故事"；在我笔下，没有一段评语是"空话套话"。

就在批改作文的过程中，我发现了这样的一篇文章，她在作文后边写着——我的作文不能读。

按惯例，我总会在作文讲评课时，读上一两篇本次习作中的优秀作文，与全班同学进行交流。我认为，这样做至少有三点好处：一是借机表扬学生，让学生以此为荣；二是美文共享，让学生欣赏来自身边的优秀习作；三是延伸指导，点出文中哪些习作技巧值得大家学习。如此一举三得之做法，也果然取得了良好的效果，每次作文课上，总会有许多学生翘首期盼，看"中奖"的是不是自己。

然而，那天，在批改作文的时候，我发现了小雨的作文后边跟着这样一小段话：

“陈老师，您是我见过的最好的老师，感谢您一直关心我，我也很喜欢作文被你表扬的感觉。但今天这篇作文写的是我不幸的家庭遭遇，真实的，所以，我的作文不能读，可以吗？”

所谓的“家庭不幸的遭遇”，小雨的作文中写出来了：父母不和，最终离婚。看来，这的确是小女孩心中藏着的一个伤疤，难怪平日的她显得特别内向，总像在掩饰自己，与老师的交谈也总是防范得紧。

小女孩的顾虑自然是多余的，不读她的作文，对于我来说，是件容易的事。即便她没有这样的一段话，作为老师，我也懂得这样涉及个人隐私的作文是不能轻易公开的。然而，她既然一反常态地提出这样明确的要求，就证明她十分在意这段经历带来的伤害……

我不禁思索，不能读的作文还有哪些？我平日里读作文前，是否征得了学生的同意？只以自己认为对的表扬方式去做，是不是都是对学生好？尊重学生，我是否全做到了？虽然我内心会权衡学生作文是否能公开交流，却总是以自己的判断代替学生的想法。小雨的一句话提醒了我，读学生作文，不是老师所能直接决定的呀！

于是，我在小雨的作文本上写下评语：“谢谢你，小雨！通过作文，我更了解你，我不仅要答应你的请求，更要感谢你的友情提醒！”第二天，作文讲评课上，我把读优秀习作的环节稍稍改动了下。我罗列了一批优秀作文，然后一个一个地、诚挚恳切地征求学生的意见——“你的作文能读吗？”

当把作文看成心声，把评语看成对话时，我发现，其实我们可以让语言以更立体的方式存在，以更温馨的方式存在，以更活泼的方式存在。与学生的感情，可以在对话中流淌；学生的语言能力，可以在对话中提升。

五、为发展，将赞赏进行到底

哪怕天下所有的人都看不起您的孩子，您也要一如既往地拥抱他、欣赏他、赞美他。因为孩子找到了好孩子的感觉，他就会成为好孩子；有了

天才的感觉，他就会努力成为一个天才！

——周弘

每个人都希望得到赞美。

——亚伯拉罕·林肯

人性中最深切的渴望就是获得他人的赞赏，孩子更是如此。

——威廉·詹姆斯

语文教师评价学生作文，自然少不了赞赏：或惊叹于他们独特的立意，或赏识其丰富的想象，或赞美其华丽的辞藻。但无法否认，这样能妙笔生花的学生在我们的大班级里一定是寥若晨星、凤毛麟角。如果赞赏了他们，必然贬损了其余大部分的学生，这样的赞赏一定得不偿失。由此看来，我们需要的不是偶尔个别的赞赏，而更应把赞赏的目标瞄准学生的每次习作，瞄准班级里的每篇习作，实现“全程”式的赞赏。我便是如此一“赏”到底地对待学生习作。

作文题目：《长大后，我成了——》（半命题）

提示、要求：

A. 可以从事实出发，也可以从理想出发，充分想象自己的未来。

B. 想象之中要以具体的事件或内容来反映未来的“我”。

因是考试作文，老师没有指导，学生当场挥笔。习作收至桌案，“理想”五花八门、“水平”参差不齐的成果便一一展现在我的眼前。（以下代表作限于篇幅有删节）

1. **积极向上型**

代表作：《长大后，我成了设计师》

作者：何胤霖

“看，那幢漂亮的摩天大楼不就是飘逸设计师何胤霖先生的最新作品吗，真厉害。”街上的市民不禁啧啧称奇。

是的，长大后我成了一名建筑设计师，而且还是举世著名的。在街上，随处可见我设计的一座座大楼。我还获得了“世界建筑的杰出人物”称号，这可是全球设计建筑界的最高荣誉，此外还得到了100万的奖金。

读小学的时候，我的未来愿望是当一名博士，但是，在高考中的失败使我的人生从此改变。我没有气馁，努力进取，终于成了一名设计师。一开始，我还是个无名小卒，默默无闻。后来在各种层次的比赛中，我接连不断地获得大奖，名气也如水涨船高，我的事业从此如日中天。在这一行，没有人不知道“何胤霖”这三个字，可谓是无人不知，无人不晓。

就是因为名气的原因，每天找我设计大楼的人络绎不绝，把我家围了个水泄不通。开始我还能勉强应付，但渐渐地我厌烦了，把那些人关在门外，自己在房间里静静地发呆。忽然，几个小学生模样的人在我家门前走过，此时正是上学时间，我奇怪地问道：“你们怎么不去上学?”“没钱，没学校，怎么上课?”那几个孩子理直气壮地回答。经细细调查，我才发现了一个极为贫穷的小山村。

我感叹自己从小就在漂亮的鳌阳小学里学习，还觉得不过瘾，可现在还竟然有如此贫穷的地区。我顿时下定了决心，要用我的100万元奖金为山区的孩子盖一座楼，而且这座楼房由我亲自设计……经过一年多的不懈努力，大楼终于落成，我用我多年的积蓄为他们买来了学习用品。

想想我的得意杰作，我自豪地笑了。

【当设计师、副市长、科学家、大老板……这类作者有着令人羡慕的职业，有着崇高的理想。他们的作文理所当然会成为老师赞赏的对象，我自然也不例外。这样的一位学生却在作文竞赛中屡试不中，令他有些茫然。于是，我乘此机会不吝笔墨写下我的赞赏】

评语：

> 你是一位“建筑”设计师，你更会是一位“作文”设计师，人们惊叹于你的“处女作大楼”，更会有感于你的“文学”成名作。(我一直在期待)
>
> 你的每一个精当的用词是你“作文大厦”中一个漂亮的装饰；
>
> 你的每一处精彩的描写是你“作文大厦”中一个精锐的创意。
>
> 二十年前后之事在你笔下随意穿插却丝毫不乱，你适合当设计师，不管是哪个方面。

2. 追求平凡型

代表作：《长大后，我成了农民》

作者：陈明杰

当农民有好处，也有坏处。好处在于我们自己种的粮食可以自家人吃，也可以让全世界的人吃，坏处就是我们农民没有那么多的钱，当农民要防止鸟虫来吃粮食，假如有虫来吃粮食，我们农民就要买农药来把虫杀死。

长大后，我成了一位农民，我到了一个只有几二户人家的乡村，用身上一年做工的2000多元的工资买下了几亩田地和一座小茅屋，并把一条小河水引到我的田中。

春天到了，我从别人那儿借了几百元钱，买了锄头、镰刀等农具，礌买了一点种子，我到了自家的田地，把种子扔向了田中，不过几十天，种子发芽了。

我又借了几百元，买了肥料，我把肥料挑到了田边，把它扔进了田中，不过二三十天，秧苗长大了许多。过了几个月，秧苗长到了一二十厘米高，我把田中的秧苗拔了起来，插进了别的田中。

春天很快地过去了，秧苗也长大了不少，可虫也多了，我买了农药，用水掺和着喷洒到禾苗上，这药水的药性可真强，当天，害虫们就死光了。

我不但种了稻谷，还种了一些蔬菜，留下一部分让自己吃，其余的都卖出去，还可以换回一些钱。

夏天到来不久，我的菜有的也丰收了，我收了大约有几百斤的西红柿、白菜、茄子、萝卜等，我把它们送到了不远的镇上。菜一下子就卖完了，我回到了家，数了数钱，总共有四百多元钱，我真得太高兴了。

我把欠下的钱还了，还娶了一个老婆，她对我很好，整天都跟我去山上干活，一天到晚都设有休息过，一回到家，她就要做饭，她可真辛苦呀！

这还不止呢，到了秋天，我们一起来到了山上收割稻谷，我割稻谷，他踩打谷机。干完了一天的活，我们把谷子挑回家，不用几天，稻谷全收回来了，等晒干后，我留下一部分自己吃，其余的十几担也拿去卖了。

当农民可真辛苦呀，可我却只能是这当农民的命了。

【日出而作，日落而息。理想是平凡的，想象也是平庸的，（二十年后的家乡农民还一如今天）习作水平更不敢恭维，错字掺杂其中，文句生涩拗口，用词土气十足。这种习作在班级中最多存在，赞赏似乎难以出口。但我们不妨细想，一个农民的孩子，他由现实（成绩不理想）联想到自己的未来，虽悲观却淳朴，虽平凡却真实。赞赏不了他的想象，我却依然能赞赏他的朴实，何况较之于他先前的习作，这已是一个较大的进步】

评语：

谁说平凡的岗位就一定是平凡的人？你深知农民的艰辛却还“当农民”，这是多么可贵的思想，多么不平凡的心灵呀！

你的朴实写在你的作文里，写在你的脸上，更写在你的心灵里。

一步一个脚印，错字、病句的减少正说明你真实的进步，你的将来一定很美好、很出色。

3. **黑色幽默型**

代表作：《长大后，我成了乞丐》

作者：戈冰妹

“96、98、91……”这是老师在发语文考卷，每喊一声，我的心便激动一次，我能得多少分呢？“戈冰妹，79”！晴天霹雳凝固了我脸上的笑容。我的脑袋里乱成了一个马蜂窝，透过这个刺眼的分数，我仿佛看到了20年后的我。

天气晴朗，阳光明媚的一天，人们都穿着整齐极漂亮的衣裳来来往往穿梭于熙熙攘攘的街市之中，大摇大摆，好不威风。可我却不知从哪个乞丐窝里走出来，穿着一身破破烂烂的衣服，而这却是我仅有的一套衣服，起码有一两年没洗了，还有那一头乱蓬蓬的头发，让走在我身旁的人们捂住了嘴和鼻子。

咕噜噜，不争气的肚子又饿了，我赶紧拿起一个破碗，连忙往大街上跑去，在街头上乞讨。我拿着碗，边走边喊“给点吃的吧，给点吃的吧，行行好”，这幅可怜兮兮的样子总算有个别人同情，给了我一丁点儿剩饭，我又走到了一家快餐店，话还没说出口，那位凶巴巴的店主就挥着手叫我赶快走人，再不走就砸碎我的饭碗，吓得我撒腿就跑。

时钟已指向十二点整，可我的肚子依然空空的。日子就这样一天天地熬下去。

时间似流水，一转眼我已不再年轻，现在的我已经是年过半百的老太婆了，手里拿着一支拐杖，可这种潦倒的生活一点儿也没改变，我照样乞讨为生。有时一天辛辛苦苦讨来的饭，就眼睁睁地被那些年轻的乞丐抢走。有时，一个系着红领巾的小学生跑过来，把我摆在地上的碗当足球，一脚踢飞了……这样吃不饱穿不暖的生活一直折磨着我，现在的我怎么还能忍受得了这样的苦头呢。

大雪纷飞，严寒的日子到来了，我躺在街边的角落里，肚子饿得没有一丝力气。可还是没有一个人来理我，一天一夜过去了，我那脆弱的身体再也不能动弹了。第二天，我便去了我该去的地方……

【这类想象自己长大后成了小偷、罪犯等的习作存在一小部分。如果说前面的两类作文，我们给出赞赏不是很难的话，那么像这样的一些黑色幽默的文字则让我们的评价显得有点儿尴尬了。但我们要做的仍是赞赏，除了他们较为成熟的语言表达外，我们也有义务在赞赏之中引导他们认识自己，追求上进】

评语：

仅凭这篇习作，就可以断言未来的你绝不会是那个悲惨的乞丐！ 你成熟的语言、精彩的细节描写，都来自于细致的生活观察和积累。 你有感于一个少先队员的不良行为，足以证明你的正义感和善良心胜于他人。

4. 悲伤未来型

代表作：《长大后，我成了老师》

作者：胡从香

一眨眼，二十多年过去了，我就成了阳州小学的一名教师。

我在那儿当教师可真累啊，天天都要受苦受累，有时还要生很大的气呢！

你看我昨天是干什么的，都是因为前天晚上备课，到一点多才去睡觉，第二天，7点20分才起床，因为时间不够，我到街上胡乱吃了几层米糕就去上课了。

来到了学校里，令人想不到的事情就发生了，叶心洁在杆上玩，杆下的人一不小心把她的脚一碰，她做不住，整个人都摔了下去，把右脚给摔断了。好不容易才把她送到了离校不远的人民第一医院，刚回到班级里，又有许多组长告诉我说，这个同学的作业没做，那个同学的课文没背，真是快要气死我了。

中午，午饭吃完，在批改作业，又发现有些同学的字写得难看极了，有的根本是乱做一气，还有的居然偷工减料只做一题，我实在气极了，所以把那些作业本给撕了。改完作业，我又准备了一下课文，就去上课了。

我一到学校，我就先布置他们自学课文，正当我要开讲时，一个家长敲响了我的教室门。我不知怎么回事，便与他交谈起来，原来他说他的孩子回家经常要拿钱买东西吃，还不喝牛奶，晚上睡得迟，平时脾气坏，让他参加英语、作文、美术、书法、音乐培训班，他居然没一样能学好……直说得我脑袋都大了。

吃完晚饭，我在灯下批改第四单元的试卷，起初还没什么，可渐渐就不对劲了，全班60多个同学居然有20多个不及格，太令人失望了，我怎么会有这样的学生呢？

第二天，我到了学校，迎接我的是校长大人的一顿数落……

一切都糟透了！唉，谁叫我是个不称职的老师呢？

【之所以单列出来区别于上一种作文，是因为它主观上反映良好的愿望。虽然作文中的“我”是不成功的，用作者的话说是“糟透了”。在多数人都因为羡慕老师这个职业而渴望当上老师的时候，作者却当了个“不称职”的老师。是思想的灰暗还是心灵的创伤？都不是。我认为，倒是今天校园存在各种弊端的一个真实的写照：为安全工作焦头烂额，为大班教学伤透脑筋，为家长“关心”而百般无奈，为“分数质量”而“不辞劳苦”……活脱脱是当今大多数教师心灵苦恼的翻版，这似乎是在为教师们呼吁，更像是为未来教育呼吁。对于这样的作文，我如何能不赞赏一番】

评语：

> 你那“不称职的老师”是一座钟，警示着自己，也警醒着老师。
>
> 你对生活的敏感观察是你成功造就这样“糟透型老师”的重要原因，你道出了安全、成绩、家长等方面给学习带来的影响，给成长带来的伤害，你是冷静、睿智的。

六十五篇作文，我给出六十五个赞赏，我追求客观而又有智慧的赞赏。

赞赏写在纸上，笑容得以绽放；赞赏根植于心中，生命得以张扬。就生命化教育而言，赞赏体现的是一种人文关怀。当我们学会在每一个学生的每一篇作文中都能看到闪光点后，我们就该学会——将赞赏进行到底。

六、为求新，将变化进行到底

画如交友须求淡，
文似看山不喜平。
画画求奇，
文章求新，
教作文，也得求变！

循规蹈矩固然可行，但一味以“规矩”束缚课堂，教学亦步亦趋，势必导致作文教学难有创新，学生对作文课产生“审美疲劳”。因此，作文教学无论在观念上，还是在方式上，都须求变求新，将变化进行到底，甚至是“大反其道”，才可能收到实效，乃至奇效。

（一）激将有法：偏说作文难

为了排除学生的畏难心理，激发学生写作文的兴趣，广大教师往往是极力宣传“作文不难”，如“我们坚信作文不难”“没有写不好作文的孩子”“作文并不可怕”等，生怕一提作文难，就吓退了学生。此举正如报纸杂志上的药品广告一般，越是大肆吹嘘“某某病并不可怕”，就越说明此病就是无药可救的绝症。其实教师何尝不是心知肚明，作文哪会不难？即便是要达到《语文课程标准》中的最基本目标“能文从字顺地表达意思”，对于一些语感不好的学生来说，也是一件很难做到的事。

既然这样，那么教师能否实话实说，让学生既体验作文之“难”，又不会失去作文的动力与兴趣？答案是肯定的。当然，教师要想在作文教学中做到这一点，就必须循序渐进，谨慎引导。心理学研究表明，大多数儿童内心潜藏着一种逆反的心理，合理利用这种心理进行教学，往往可以另辟蹊径，比如教师越说难题，学生可能越来兴趣。

以中低年级的作文教学为例，我认为，兴趣与习惯的培养是中低年级作文教学的重点。学生初学作文，教师就须让学生对作文产有兴趣，并能养成习惯：正确使用标点、杜绝写错别字、勤查字典、多阅读积累等。教师在教学的过程中就可以“化易为难”，以激将法让学生充满挑战的热情。比如，要培养学生在作文中认真、正确使用标点符号的习惯，教师就可以这样说：“作文是一件难事，同学们怕难吗?”“标点符号就是作文中很难的一件事，你们一定怕了吧?”教师的“故弄玄虚”不仅不会让学生“知难而退”，反而会让学生积极迎战。接着，教师可以让学生写一写标点符号，借机指导标点符号的写法，再用听写句子的方式来考察学生是否掌握了标点的用法，尤其是最常用的逗号和句号。最后，教师再让学生自己写一两句话，并准确地运用标点符号……在这个过程中，教师通过语言引导和实践训练让学生“迎难而上”，在挑战成功中获得兴趣与信心。

可以看出，这个“挑战难度”的过程有点“小儿科”，学生在参与的过程中或觉得教师有点夸大其词，幽默风趣；或觉得这些困难不算困难，我不畏惧。不管是哪一种心理，都会对学生作文兴趣的培养产生积极的影响。同时，此法又可让学生在轻松的“挑战”中掌握作文知识，养成写作文的习惯。需要注意的是，教师设置的这种“难度”，必须处于学生的“最近发展区”，让学生能够“跳一跳，摘得到”，从而让这种兴趣有可持续发展的动力。

宏伟计划

六年级　吴铭宇

从一年级至今，我没有投过一次稿。有一次曾经计划投一回试试，却因信心不足、恒心不够而半途“搁浅”了。以后的几年里，我一直没再去理会这个念头。

但在四年级的时候，发生了一件令我意外的事。一位在班中可谓藉藉无名的女生凌子晗，居然当着全班同学的面收到了一笔5元的稿费。许多同学见状都十分眼红，我当时心里也有点痒痒。这是我的“宏伟计划”诞生的原因之一。

今年上了五年级，陈老师一直鼓励我们投稿，甚至愿意为我们“跑腿儿”。在这样的支持下，我哪能不怦然心动呢？这是“宏伟计划”诞生的原因之二。

“十月怀胎，一朝分娩。”经过长时间的孕育，“宏伟计划”终于出炉了。在这里面，我分析了投稿的好处：1. 可以提高自己的作文水平，培养对作文的兴趣，养成一有空就爬格子的习惯；2. 可以大把地挣稿费，使自己的腰包鼓起来。坏处是浪费信纸，但跟得到的好处比起来，这完全可以忽略不计。

综合以上几点，我决定今后要改改往常“真人不露相”的风格，多多投稿，看看自己的大作能否有朝一日登上大雅之堂，届时也让他人眼红一番。

（二）迂回逆序：先写后观察

都说先有观察，再有写作。教师在指导学生写景、状物类作文时，往往都采取让学生先仔细观察，再进行现场指导的方法。这种遵循一般顺序的方法不能说不好，实物观察的过程就是摄取作文素材的过程，有了观察的基础，学生写作时就能做到有话可写。但是，这样先观察再作文的做法还是存在一定弊端的：一是学生往往比较被动，只是作文要求使然；二是观察之时缺乏重点指导，学生难以留下深刻的印象。

要改变这个局面，教师不妨尝试逆序教学，即让学生先写作再观察，我们不妨称之为迂回战术。比如指导三年级学生写《我的文具盒》，就可以按这样的程序进行：上课伊始，让学生做好准备工作，拿出作文本和笔，收好文具盒（这一点尤其重要）；紧接着，让所有的学生凭着自己的印象，从外形特点、内部结构、功能用途等几个方面介绍自己的文具盒（学生略显困难，但勉强能回忆起来）；然后交流，说说自己是不是能完全记住自己平时最熟悉的文具盒的样子；之后开始观察，拿出自己的文具盒与自己的作文进行对比，看看哪些方面写得不对，哪些方面还没有写进去；最后，让学生根据观察所得再进行写作（或修改）。

这样的练习可以适用于各个年段学生的作文指导。比如，写家人的外貌时，先根据自己的印象进行描写，然后回家读给家长听，并观察家长的外貌，发现自己习作中的不足之处；写小动物时，可以让学生凭印象写小乌龟的样子，再出示小乌龟的实物（或图片、视频）让学生观察，从而让学生发现自己作文的缺陷……诸如此类的训练，既可以让学生对写作（文字）与观察（实物）充满兴趣，又可以让学生明白，即便是自己平日最熟悉的人或事物，如果没有仔细观察，也未必能准确掌握其特点。这种设计，有效地教育了学生要养成留心观察的习惯，培养自己的观察能力。需要说明的是，这个“先写作，后观察”的过程，实际上是为学生的“深入观察”而服务的，是迂回的一条曲径，为学生的二次“创作”奠定了坚实的基础。

戏虫趣多多

四年级　陈泽睿

学画回来，爸爸正在厨房里忙着准备午餐。我走进厨房，突然发现餐桌上爸爸择豆时留下的豆丝上有一条小青虫。闲着也是闲着，不如找个乐子——“戏虫”。

第一幕：“赶鸭子上架”

怎么办呢？我把豆丝放在桌上，静静地等着青虫自己爬上去。可没那么简单，那青虫死活不上去，我只好强迫执行了。我用牙签赶着它，它却总是不听话，一会儿向左，一会儿向右。我想，我今天非“赶鸭子上架”不可。工夫不负有心人，在我的四面紧逼之下，青虫扭着身子爬上豆丝。我看时机已到，就抓起豆丝轻轻一甩，想把它甩下来。没想到它竟然抓得挺牢，还一个劲儿向上爬，都快靠近我的手了。我吓出一身冷汗，急忙把豆丝扔回桌面。

第二幕：“姜太公钓鱼”

不行，这青虫还挺难缠。我静静观察了一会儿，发现这青虫居然会吐丝。我想，不如利用它的丝来玩它一下，让它“作茧自缚”。我拿了豆梗放在青虫的身后，等它吐丝“上钩”。果然不出所料，青虫吐出了它的丝，沾在豆梗上。我提起豆梗，小青虫便晃悠悠地吊在半空中了。看着它扭着身子“荡秋千”，真像钓上来的鱼，我得意地笑了。

第三幕："一步三回头"

趁青虫往前爬行的时候，我把豆丝放在它尾巴上，想看看它有什么反应。它居然不理我！我拨了拨它的尾部，它只微微回头一看，又继续向前爬。我再用豆梗按一下它尾巴，它仍然爱理不理。我不善罢甘休，用尖尖的牙签扎了一下它的身子，它猛然回过头，差点把身子甩到我手指上。我吓得毛骨悚然，全身都起了鸡皮疙瘩，惊慌失措地把手上的豆梗扔在一旁，大声尖叫起来。老爸摇了摇头，说我"胆小鬼"。

第四幕："孔明巧布八阵图"

"敢吓我，我跟你没完。"我暗下决心，收集了桌子上大量的豆丝，布下了"八阵图"。我把那些乱糟糟的豆丝堆在一起，把青虫围在中间，OK！刚开始，它还一伸一缩地爬着，想突破"围城"，甚至把一根根的豆丝当作"天桥"。可过了一会儿，它就不能动了，这"八阵图"足够把它累坏的。看来，青虫已经被我折磨得有气无力了，我觉得太爽了！

不幸的是，还没过多久，那条青虫就被爸爸连同豆丝等一起扫到了垃圾桶里，"戏虫"宣告结束。

（三）后发制人：范文置后用

在作文教学中，范文的运用是一个常用的手段，许多老师和学生都对"范文"情有独钟。其原因无非是依赖心理，无论是老师还是学生，都觉得读读范文，便"心有灵犀一点通"，可以"依葫芦画瓢"，这样可以省去不少的冥思苦想。殊不知，老师和学生共同省去的正是作文能力发展中最重要的"思维过程"。由此可见，范文用与不用，何时用之，应当因课而异，因年级而异。

在中低年级，范文常常被教师当作引路工具来使用，这看起来也是有效的、有必要的。但是，如果到了高年级，教师还依赖于这样的作文"拐杖"扶着学生前行，势必会制约学生作文能力的发展，束缚学生思维能力的提升，更谈不上作文的创新了。因此，到了中高年级，范文的角色应当有所改变。如果确定要用范文，教师不妨换个方式，在学生的写作结束时，来个"回马枪"——出示（或朗读）范文，让学生把自己的习作与范文进行对比。选择在写作之后欣赏范文，目的在于激起学生根据“标准”寻找差距的自觉心理行为。教学《我敬佩的一个人》（苏教版小学语文五年级下册）这一课时，学生写完作文后，我读了一篇范文《爱管“闲事”的爷爷》，然后让学生评一评这篇习作的优点和不足；接着，我告诉学生，所谓范文，就是比较规范的、典型的一类文章，它像一个数学公式，可以模仿，却无法做到新颖独特，只有根据自己了解到的人物特点和事件，才能写出真实与个性来；最后，我再根据自己在巡视中发现的优秀学生习作进行现场对比，让学生知道，自己写的作文哪些方面比范文还好，树立学生的自信心，激发学生的创新欲望。

在教学实践中，我进行过多次的对比研究，发现范文的使用对学生的影响还是很大的。如果在指导之时出示范文，是发挥了范文的引路作用，把学生引向走“同一条路”、唱“同一首歌”，于是就会出现“千篇一律、千人一面”的现象。而如果把范文当作用来对比的一个参照物，在学生写完作文之后来个“回马枪”，就能保护学生的创新领地，给予学生创新的空间，同时，也能让大多数学生发现自己作文的差距及优势，成为修改习作或今后作文中的借鉴。

与“老鬼”过招

五年级　范翔昕

今天，双喜临门。在“爆竹声中一岁除”的过年气氛中，我妹妹又正赶上过生日。

刚到中午，就陆陆续续有人来我家拜年，同时也祝我妹妹好好地过生日，快乐地过新年。我和妹妹接到妈妈命令，到仓库去拿点水果、茶叶来招待客人，可没想到仓库里的食物会如此的多而香。还没走进仓库，扑鼻而来的是一阵浓香，是薯条吗？不对。是巧克力？也不对。倒非常像是旺旺大礼包里面东西的香气。我们走进仓库，里面漆黑漆黑的，看不见一点儿光线。我正摸索着电灯的开关，突然隐隐约约地看见了一个黑影，那黑影好像在偷吃什么东西，仓库里游荡着可怕的磨牙声，让我和妹妹同时想到一个东西：鬼！oh，oh！我以迅雷不及掩耳之势，拉起妹妹的手，发疯似地向大门狂奔，而且一直大喊："鬼啊！救命啊！我要被鬼吃啦……"

妈妈听了我们的话，以为我在胡编乱造，我们只好壮着胆子又一次进入那"鬼门关"。这次，我特地带上了"防弹衣"——羊皮大衣。我发现那"鬼叫声"还在继续，就连忙抓起旁边那包薯片向黑影扔去，黑影顿时惨叫了一声。接着，他也向我扔了一包巧克力，我险些"战死沙场"。妹妹见了，左拿饼干，右握薯条，向"老鬼"发起强击。与此同时，我也找到了"超级炸弹"——旺旺大礼包，向黑影攻击。"啊！你们干吗啊?"我听了，心想：鬼也能说人话？我摸到了开关，猛地按一下，原来，装鬼的是我爷爷。我哭笑不得，老人也爱吃零食？这也太好笑了啊！

我把这事告诉了妈妈，妈妈也说爷爷太像小孩了。爷爷摸着头，不好意思地说："太饿了，想找点东西吃，就那样了……"

"哈哈哈哈……"快乐的笑声充满着我的家！

（四）速战速决：快写慢修改

许多教师在作文教学中，考虑到要培养学生严谨的写作态度，往往要求学生"慢工出细活"：写作文的时候停笔想一想，遇到不会写的字马上查字典，用词造句的时候要多斟酌……诸如此类的提醒，让学生在写作的时候写写停停。如此做法，有值得商榷之处：学生为了一个生字（或是熟字）查字典，思路更容易中断；学生写写停停，耗时耗力，能否在规定时间内完成习作，值得怀疑；大量时间耗在写作中，没有时间用来修改作文……真可谓是得少失多。

教高年级作文时，我向来提倡学生"速战速决"。打好腹稿之后，须要一气呵成，下笔不停，快刀斩乱麻。最初之时，学生自然不太适应，比如，因为思路不顺，不知后面该如何续接，于是停笔思考；因为遣词造句难以拿定，于是停笔斟酌；因为提笔忘字，从而发呆着急……但是，我要求学生在写作中保持绝对的安静，并提醒学生字不会写可以空格，写后再补；用词不当做上记号，写完再琢磨。总而言之，就是要求学生在尽可能短的时间内写完作文，然后再把更多的时间用在作文修改上。快速写作，保证了学生写作的效率，更重要的是让学生养成集中注意力写作的习惯，保证写作思路的顺畅；慢慢修改，则让学生能够有充足的时间去琢磨文字，感受语言表达的准确性。二者结合，有效地锻炼了学生的表达能力。

超级尴尬

六年级　沈俊铃

知道尴尬是怎么回事吗？我经历的，却是一种超级尴尬。

那天，我正独自漫步在车水龙马的大街上，一阵阵清凉的风吹得我飘飘欲飞。

“哎哟喂！这不是沈俊铃吗?”一个尖锐的声音打破了我的美妙世界。我回头一看，在眼前的是一位身宽体胖的中年妇女，棕色的格子外套配着一条黑色的裤子，十分不匹配。她嘴里的牙齿上布满黄斑。

“你……”我还没反应过来，那女的又打开了话匣子，“怎么，不记得我了？我是书涛他妈呀！”书涛？他是我中班时最要好的朋友，难道眼前这位妇女就是……

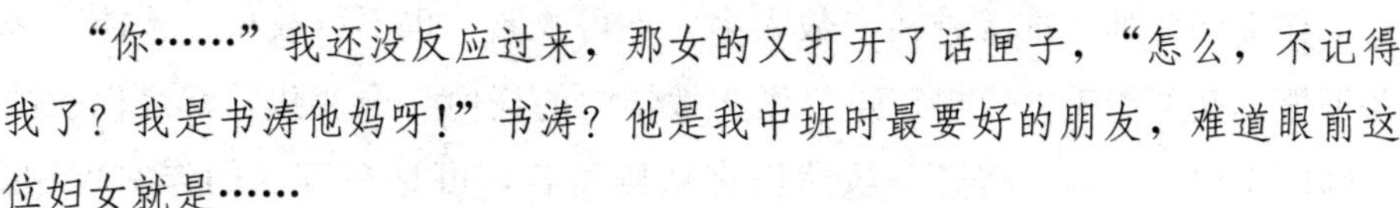

“想起来没有？你总会记得的！”那女的说道。

“嗯！”我很勉强地笑了一下。

“想起了吧！我就说的！听说你的作文获得了国家一等奖呀，真棒！”

我又很机械地点了几下头。

“太棒了，太棒了。我儿子要有你一半好，那我都感天谢地了！对了！你上几年级了?”

“我，我上五，不，六年级。”我胆怯地说。

“六年级，哇！我儿子今年才五年级呢，你是跳级吧！不像我那笨儿子，想跳级，人家老师也得要呀，你说是吧！”

她这一说，把我着实吓了一跳。令我吓一跳的倒不是她的话语，而是她那粗大的嗓门，她的大嗓门引来了许多过路人。

我在心里央求她别说了，可她还是说个不停：“……不过话又说回来了，你们六年级出现了许多坏孩子，你可不能学他们，跟他们混，弄不好犯罪进监牢！还有，你现在这么大可不敢交女朋友，搞什么早恋，那就不得了了！”……

围观的人越来越多，天哪！今天我怎么那么衰！先是丢了五元钱，接着又差点被狗咬，最后还碰到这书涛的妈妈！我几乎崩溃，但在大街上晕菜不是太那个点什么了吧！挺住，沈俊铃，你要挺住，在大街上晕菜太丢脸了！对了，用我的必杀招，“礼貌躲避功”。

我很客气地对书涛的妈妈说；“对不起，我有事去做，那我先……”没等我说完，那妇人竟抛出一句：“等一下，我还没说完。”

？＃&◎〃……

围观的人愈发的多……

天哪！我真得要晕菜了！

（五）静以待动：不变中求变

作文课，难。难就难在变数太多，不可收紧，也不可放松；不能有条条框框，又不能丢失规规矩矩。作文教学中的任何一个变化，都足以挑战教师的学识、素养、智慧。虽然没有法则可言，可是在万变的作文课中，有没有一种不变的规律呢？答案是肯定的。这里，我想以特级教师支玉恒的即兴作文课为例，谈谈如何以“静以待动”的策略应对作文教学中的动态生成资源。都说艺高人胆大，我认为这种“艺”，除了教师平时广博的阅读、丰富的实践、纯熟的技巧外，更重要的是，我们要明白作文教学中存在着“不变”的规律。

1. 解开束缚——是作文教学不变的真理

《语文课程标准》中指出：尽量减少对学生的束缚。的确，一直以来，教师在指导学生作文时，总是会在无形中给学生套上各种各样的枷锁，比如，写事要写“有意义”的，写人要写有“高尚品质”的，等等。这种种“要求”让学生在习作过程中步履维艰，视作文为畏途。要改善这种局面，非解放学生的手脚不可。因此，无论是什么作文课，解开束缚是不变的真理。自然，即兴作文也不例外。

师：（随手脱了一件外衣）看到我换衣服了没有？我脱了一件外衣。其实，不管什么事，你动动脑子，它就能变成一篇作文。比如，老师脱外衣这件事，能说明什么啊？

生：下雨天，老师的外衣被雨打湿了，老师走进教室脱下了外衣。

师：这说明什么呢？老师冒雨上课。

生：有个同学生病了，衣服穿少了，老师脱下外衣给他披上。

师：表现了对同学的关爱，又是另外一个故事。你看，就这么简单的一件事，稍微动动脑子，就可以写一篇文章。就看你能不能对这件事情加以想象。你不小心摔一跤，能不能写一篇文章？怎么写？

生：一天，我到街上去购物，不小心摔了一跤。由自己摔倒想起以前的一些坎坷，从哪儿跌倒，就要从哪儿爬起来。

师：他从摔跤想到了过去的生活，想到了人生之路。我举这两个例子就是让大家懂得不要以为只有轰轰烈烈的事情才能写在作文中。生活中的任何小事情、任何细节，只要加上想象，加上思考，都可以成为有意思的作文素材。轰轰烈烈的事情当然可以写，但我们小学生能有多少轰轰烈烈的大事呢？因此，作文更多的是写小事，写细节。

“写小事，写细节”，说得多好呀，这就是真理，这就是解放束缚。“脱外衣”“摔跤”，这是一些多么平常的事，都可以用多种角度去观察，去写作。支老师在这里告诉学生，留心观察生活中的每一件小事，用心思考生活中的每一件小事，都会让这小事值得一写，并不用去考虑是否“有意义”。因为支老师知道“轰轰烈烈”的大事并不常见，“有意义”的事也并不多，与其用这样的题材范围去限制学生，不如告诉学生“小题”也可以“大作”，突破学生“无话可说”的习作难点，彻底解放学生的思维，让学生从“小事”入手，从而感受自由习作的“大”空间。

2. **拓展思维——是作文教学不变的追求**

作文指导的首要任务是什么？新课程理念告诉我们，那就是让学生“易于动笔，乐于表达”。要做到这一点，教师就得从“有物可写”入手，从指导“写什么”入手，拓展学生的思维，开阔学生的视野。这应当是所有类型的作文课的不变追求，支老师当然明白这一点。因此，在他的即兴作文课里，充满耐心的启发，充满创新的思维。

师：我们现在来试试，这里面哪个题目你们认为最难做？

生：《那条石子路》。

师：好的，咱们先来审一下题，要写什么，可以写什么？想开一些。

生：可以写那条石子路上发生的事情。

师：对，可以写事。比如课文《峨眉道上》，它就写一条上山的小路，工人怎么辛苦劳动，在那条路上发生的事情。还可以写什么？

生：写小时候走那条石子路，到长大后，再走石子路感觉就不一样了。

师：你说说，小时候走那条路是什么感觉呢？

生：小时候走觉得比较好玩、新奇，大了就有一种怀念的感觉。

师：是啊，等长大了再去走的话，我会想到什么呀？我要去打工，汽车不通，火车不通，飞机坐不上，只能走这条崎岖不平的石子路。我们的家乡多么需要建设啊！

师：刚才两位同学都是写事。这个文题能不能写人呢？

生：可以，写每天固定在这条路上走的人。

师：具体一点，写什么人，他在干什么？

生：写清洁工，在小路上搞清洁。

师：写一位清洁工，在坎坷不平的路上，长年累月坚持清扫的清洁工，他的劳动给大家带来洁净的环境。

生：原来没有这条石子路，给大家带来许多不便，后来有一个人铺了这条石子路。

师：他的意思是写修路的人，很好。还有吗？

生：可以写母亲。写母亲为了我，像石子路一样默默奉献。

师：这是比喻的手法，说石子路躺在山间，藏在林中，默默无人知，只有走过它的人才知道。他借这条石子路来比喻默默无闻的母亲，为这个家默默奉献。他的构思有意思吧，以物喻人啊！大家看，这样一讨论，我们的写作内容扩大了两倍吧！这个题目能不能写成写景的文章？能不能写成写物的文章？

生：可以写那条路上一直放着的东西。

师：什么东西一直放在路旁呢？（生答："雕像"）好，想象得好。就在这条石子路上，我看到了好多雕像，这是一种想象啊！有李白的雕像，有杜甫的雕像，我走在这条路上，就像徜徉在文学大道上。都可以啊！还有吗？

生：写垃圾桶。

师：由垃圾桶想到了什么？

生：想到环境问题。

师：可以。就从这一个题目，把我们的思维扩散开，把想象的翅膀打开，你还愁作文没什么可写吗？冰心奶奶说，小同学写作文最难的是拿起笔来没什么可写。今天通过这堂课，大家见到文题以后，就能够从各方面扩展思路，充实我们的写作内容。你看，一个题变成几个题，好几方面的内容都可以写，一点儿都不难了。

孔子曰："不愤不启，不悱不发。"由听课教师出题，由学生自由选择的题目《那条石子路》，教师用充满启发性的语言指导，教给学生思考的方法，引导学生学会从不同角度写人、写事、写物、写景。学生说的写作内容也许有一些想象的成分在内，但就是因为老师的启发而引起学生对很多生活现象的思考，唤起对社会生活的回忆，这是最为可贵的。我们知道，学生的思维在很多时候有局限性，老师要做的便是引导学生突破这种局限，走出固有模式，寻求作文的新意。在拓展思维这一点上，支老师的作文课可以给我们很多的启示。

3. 表情达意——是作文教学不变的理想

拒绝"假、大、空"，倡导"真、小、实"，这是新课程理念赋予作文教学的使命。引导学生表达真情实感，既是为培养学生真诚做人而考虑，又是为学生的易于动笔、乐于表达而考虑。让学生说真话，写真事，抒真情，日常作文教学是这样，公开教学也是这样；确定主题的作文课如此。即兴作文课也是如此。这是作文教学不变的宗旨，也是作文教学的崇高理想。

师：有了文题，第一件事先做什么？（生答："审题"）对，作文之前要好好地想想这个作文题目，它有什么要求，有没有要突出的一个中心，是哪类的文体。审题之后，下一步该干什么呢？

生：选材。

师：对了，你知道了题目有什么要求，就能够选材了。选材就是确定

写什么内容，这是第二步。第三步是什么？（生回答不出）

师：可能大家不知道，看我写。（板书：立意）什么叫立意呢？

生：分析。

师：立意，用最简单的话来说，就是这篇文章的主题要表达什么。或者，你写这件事、写这个人，想告诉读者什么。有位作家写了一篇文章叫《桂林山水》，他写的内容是桂林的山山水水。他的立意是要告诉你，我们祖国西南地区有一片美丽如画的山水，多美啊，我们要爱它。有时候，根据题目可以先立意，然后根据立意去选择合适的材料。有时候是先选材，根据你选择的材料，能表达什么就写什么。有的时候，作文题目本身就有立意。

……

值得一提的是，支老师此处的“立意”，绝非是对“有意义”的隐性指导，恰恰相反，支老师的引导就是从儿童的一些生活体验入手的。“能表达什么就写什么”，真正关注学生内心的自我需求，无论是根据题目先立意再选材，还是先有材料再立意，最终都突出一个“真”字，写出自己真实的感受，让作文回归本真。

纵观全课，支老师处理即兴题目轻车熟路，游刃有余，处变不惊。即兴之中，有着充分的预设；随机之中，有着冷静的机智。掌握了作文教学的不变规律，面对作文课堂中纷繁复杂的生成，也许我们也能像支老师一样——以不变应万变。

第三章 3 谁让习作失去“期待”？

——作文教学应关注习作活力

当前的作文教学实践为何还是难字当头？究根问底，是有人扼杀了学生的“习作期待”。都说兴趣是最好的老师，习作期待是作文教学的一盏明灯。用好习作期待，引发学生的写作冲动，调动学生的习作情感，才能让学生的习作散发生机、充满活力。

古言曰：功夫在诗外。

又有名人说：兴趣是最好的老师。

习作教学便是如此，作文练习之外的习作期待更显得重要，用好习作期待，就等于习作教学成功了一半。然而，在作文教学实践中，还是表现出难字当头的局面，大部分学生对作文还是表现出不同程度的畏惧心理，缺乏兴趣与自信，致使学生对习作失去了期待。原因何在，是谁扼杀了学生的习作期待？是谁“偷”走了这位“兴趣老师”？综合日常的教学实践，我们不难发现，原因种种，涵盖各个方面。如何针对这些原因进行对症下药，解决问题？我们不妨做以下探究。

一、扼杀习作期待的症结

（一）忽视写话，起步太晚

现在的大部分学校，尤其在农村地区的学校，还是把“作文”定位于三年级之后的事情。低年级的写话指导的力度和程度明显薄弱，学生在低年级只是写两三句话，老师就可以给他评一个满分或高分。而到了三年级，学生就得写整篇的文章，难度跨越之大难以接受。在考试中，分量提高了，得分却降低了。这难度一大，分数降低，对学生的积极性打击很大，学生的习作兴趣也就荡然无存了。

另外，在写话与习作之间的内容差异也往往被忽视。低年级的说话写话常常是以直观图为载体的，看图说话比较直观。而到了三年级，看图习作的机会少了，抽象作文的题目多了。于是，学生无法适应这种变化，也导致了习作热情的褪减。

解决策略：

要解决这个问题，首先要做的是加强低年级写话训练的指导，由学生能通顺完整地表达一个句子，慢慢地加强到如何说具体，如何用词，如何把语言表达得更加生动。其次是注意低年级与中年级的衔接与过渡，注意写句构段的练习。如果学生在低年级就学会了句与句之间的承接，学会了段落的总起分述、先分后总等构成方式，那么到了中年级要连段成篇时，学生就可以把构段方式迁移运用到谋篇布局上。这就为学生搭建了由句到段、由段到篇的桥梁，使学生可以自然过渡。不让学生产生畏难情绪，就是保护学生习作热情的最好方法。

（二）只重结果，功利太强

在《小崔说事》栏目中，主持人崔永元曾调侃，要想让所有学生都去读中国四大古典文学名著，他有一妙招，就是高考语文只考四大名著。虽然这是一句玩笑话，却道出了当前教育教学的现状：课改虽然进行得如火如荼，但很多时候教学还是屈服于考试的，作文教学当然也难逃此厄运。老师心目中只想着为教学考试服务的时候，作文教学的目标也就不知不觉发生了偏离，学生的习作兴趣自然更是被无情地磨灭了。

事实上，在习作教学中，许多老师之所以让学生背作文选，之所以让学生背好词好句，之所以让学生套作文“公式”，正是受到功利诱惑，受到考试指挥棒驱使的缘故。当然，这种方法不仅不是习作教学的捷径，更会让学生走上害怕习作的不归路。

解决策略：

“壁立千仞，无欲则刚。”要让作文教学走上正轨，培养学生对作文的兴趣与能力，就必须杜绝功利心理，不受考试指挥棒的影响，走儿童作文教学之路，走快乐作文教学之路。在实施作文教学的过程中，无论是哪个单元的习作教学，无论是哪种类型的习作教学，都要以培养学生的习作兴趣为第一教学目标，让学生在身心愉悦中体验作文，在轻松快乐中学会作文。

（三）不求变通，形式太呆

如果说文学是一种艺术，那写作便是艺术创作。小学生习作虽不能说等同于艺术创作，却不能不承认这是艺术的开始。艺术创作最讲究的是创新与变化，作文教学更是应当讲究内容上、形式上的变通与创新。然而，许多教师在习作教学中缺少变化，总是以固定的方式、同一种面孔上作文课。作文指导课总是先读题审题，再搜集素材，然后立意构思，最后列提纲；作文讲评也总是先总体评价，再肯定表扬，然后指出不足，最后指导自改。形式呆板，方法陈旧，学生根本不能从中感受到作文之美感，感受到作文之乐趣，对作文课了无兴趣也就在情理之中了。

解决策略：

首先，教师要让作文课堂变得更加广阔、更富生机，让学生体会到老师的教学方法的与众不同之处；其次，教师还要在作文教学形式上不断创新，运用多种教学手段，让学生不至于产生审美疲劳。例如，教学观察植物的作文，不妨就带学生走出课堂，到校园里的花坛边细细观察，随时记录；教学《一次有趣的活动》，不妨就设计一个现场活动的场面，让学生在课堂中现场体验，然后趁热打铁记活动；教学《未来的______》，不妨让几个学生事先排练一个简短的小品，在课堂中展示未来某天“不可思议”的一幕，激发学生的创意；教学《难忘的一位老师》，不妨先让学生来个现场模仿秀，让大家猜猜他模仿的是哪位老师的经典语言、神态或动作……形式的创新因课而异，因人而异，就能让我们的作文课充满足够的魔力吸引学生，激发学生的习作热情。

（四）曲高和寡，技法太甚

林语堂先生曾说：“世间无所谓笔法。吾心中认为有价值之一切中国优秀作家，皆排斥笔法之说。”“笔法之于文学，有如教条之于教会——琐碎人之琐碎事也。”笔法，对于文学创作之人尚且如此，何况小学生？

小学生有小学生的特点，小学作文教学也有自己的特点。对小学生而

言，表达能力的培养事实上还不如学习热情的培养来得重要。如果在上作文课时，教师不去想怎样拓展学生的思维，让他们“有话可说”，而是用一些作文“法则”去“指导”，这样不但不能提高学生的习作能力，反过来还会限制学生的自主表达，更会可能扼杀学生原有的习作兴趣和热情，那真可谓“捡了芝麻，丢了西瓜——得不偿失”。

解决策略：

把握特点，因材施教，是解决此症结的最好办法。此处因材施教的“材”当然指的是学生，教师要了解学生的心理特点，投其所好，采取更为合适的教学方式和手段，激发学生对作文的热情，让学生对作文产生向往和期待。也就是说，教师应当首先解决“乐于写作”的问题，再解决“易于动笔”的问题，最后才是考虑“会写”的结果。在具体操作过程中，教师或通过创设情境，或通过开展活动，或借助即兴游戏，或通过当场体验，来激发学生的兴趣。在学生把心中的话诉诸笔端的时候，教师如果要渗透一些写作上的技巧，也必须不露痕迹，应该通过肯定某些同学的优点来进行正面的引导，使学生在不知不觉中掌握某些写作技法。只有通过这样“随风入夜，润物无声”的渗透，才不至于让学生产生畏难情绪。

（五）不解风情，评价太次

要培养学生的学习热情很难，要扼杀学生的学习热情却非常容易。尤其是小学生，他们还没有具备“不屈不挠”的意志品质，一次较大的打击，一次稍严厉的批评，都可能让学生对学习失去信心、失去热情。其实，很多小学生刚接触作文的时候并不会那么畏惧，只是到了后来，大多都怕了。为什么？很多时候是因为老师不懂赏识，不善赞赏，“不解风情”，给了学生不够有力度的评价，没有顾及到一颗渴望得到激励和赞扬的童心。一而再，再而三，学生心中也就不再抱有期待和向往，热情与信心也就消失殆尽了。

作文教学的评价如此重要，那么，哪些行为会伤害学生的自信心和积极性呢？一是“无为”而评，没有评价，翻开作文本，连老师的只言片语都看不到，这是最伤学生信心的；二是没有赞扬，只有“指导”，没有把学生的亮点放大，评语中大多反映学生的不足之处；三是敷衍了事，千篇一律，都是“详略得当、重点突出、中心明确”等放之四海皆准的评价；四是武断生硬，“粗暴”评价，教师以自己的立场对学生习作轻易下结论，导致学生从此不敢轻易下笔。

解决策略：

针对以上的种种现象，我们不难得到解决此问题的策略。首先要重视全体，尽量让所有学生都能得到评价，顾及到每个学生，尊重每个学生，学生对作文也自然重视有加了。其次要褒多贬少，尽量让每个学生都感觉到自己的优点已经得到老师的赏识了，让学生在每次作文中都有一份成就感，这是学生作文兴趣可持续发展的动力。再次评价要准确，只有实事求是的评价，因人而异的评价，才显出老师的眼光是敏锐的，老师的评价是用心的，老师的情感是真挚的，也只有这样的评价才能真正打动学生。最后是谨而慎之，对于一些比较特殊的作文，教师应当把握评价的尺度。学生写作文有时图方便而抄袭，有时偷懒凑字数，有时“不小心”离题，当出现这些情况的时候，老师当谨慎对待，如果偶尔一犯，就更不能“当头棒喝”。

（六）釜底无薪，阅读太少

没有源头活水，那就只有一潭死水。对于学生习作来说，源头活水就是课外阅读。阅读，不仅可以为学生解决写作素材上的困难，还可以为学生解决如何写的困难。这些困难如果因为阅读量的增加而得到解决，那么，学生作文的信心便会得到提升，反之，学生的信心和兴趣就会在一次次遇到困难中一点点地被消耗，仿佛釜底无薪，釜中之水就无法获得温度，无法热情沸腾不说，最终还会降至冰点。

我们稍做调查也不难发现，对作文“冷漠无情”的学生，正是那些课外阅读水平比较薄弱的。正所谓读写不分家，对于学生来说，阅读与写作之间形成的恶性循环，会成为他们作文路上最大的强敌。要想解决习作期待的问题，先从阅读入手也不失为一种手段。

解决策略：

20 世纪末，特级老师丁有宽对“读写结合”的作文教学方式进行了深入的卓有成效的研究。如今，“读写结合”已成为各地语文教师比较热衷的作文教学方式，这种模式的探究多是侧重于内容的填补与写法的迁移。对于学生来说，这样的方式有利于降低习作的难度，也有利于培养学生的习作兴趣。当然，学生的阅读程度加强了，并不能收到立竿见影的效果，学生习作兴趣和能力也不一定如翠竹拔节一般地提高，但只要坚持在阅读方面做文章，那么，学生的作文兴趣培养也是指日可待的。

事实上，制约学生作文期待的，还可能有更多的因素，培养和利用学生的习作期待也不可能一变百通，我们应当从日常教学中的点点滴滴做起，维护学生的自信心与积极性，才能为学生的作文能力发展扫清一个个障碍，才能使我们的作文教学充满活力。

二、有期待，才有活力

严格来说，习作期待的提法不能算是杜撰，因为《语文课程标准》中就有阅读期待一说：“利用阅读期待，旨在提高学生的阅读兴趣，服务于阅读教学。”那么，习作教学中，习作期待的说法也是能立足的。如何给习作期待进行概念的界定？这里要先提到另一个概念：前结构。前结构理论原是哲学家与美学家对于认识事物时所适用的一个理论，是一种认识事物之前的内心“期待”。具体指接受主体在习得语言或阅读文字前，就具备了的先有、先见、先把握，或者说具备了兴趣与动机，基于自己的经验与习惯，在接受阅读文本前或过程中发挥一定的作用的那部分内容。对于习作教学而言，学生自身原有的语言表达经验、语言表达需求，以及属于非智力因素的兴趣与好奇心，都是习作期待的内涵所在。

就小学生而言，习作期待的培养，比习作知识、技能的培养来得重要。《语文课程标准》中指出：“1～4 年级以培养学生习作的兴趣和自信心为重点。”爱因斯坦说的“兴趣是最好的老师”也成为教育者信奉的真理。

然而，如果仅仅把习作期待理解为习作兴趣或自信心的培养，那是片面的。要深入探寻习作期待的内涵及其重要性，需从以下三个方面入手。

(一) 习作期待重视了学生的特点

新课程研究中，把小学 1～4 年级学生的作文定位为“写话”和“习作”，就是关注了学生的年龄特点，意在降低写作的难度。由此可见，研究小学生作文教学，绝不可能忽视学生的年龄和生理、心理特点。其实，何止是 1～4 年级的学生，即使是高年级学生，也未必能以“高标准，严要求”来对待他们。毕竟小学生的写作教学不是一门独立的课程，更不是以培养一批作家为目的。

就小学生而言，特别是中低年级的学生，其抽象思维能力较弱，对形象而直观的事物感兴趣。即便到了高年级，学生的抽象思维有所发展，也还属于初级阶段。在这样的情况下，如果一味重视对学生进行取材方法、立意技巧、构段窍门等方面的指导，不仅不能提高学生习作的能力，还可能导致学生产生畏难、厌恶、排斥的心理。就算部分学生从心里愿意接受这些知识，却限于原有的知识水平而无法理解、掌握。相反，如果重视学生原有的生活经验，关注学生的兴趣所在，利用学生的好奇心理，在作文课堂中力求接近学生的“最近发展区”，走进学生的内心需求，谈学生最愿意说的话题，说学生最想说的事物，就能充分挖掘学生的表达潜能，从而达到提高学生习作水平的目的。

请看《我最喜爱的一种小动物》的作文教学，一位老师这样设计教学流程：

1. 说一说。与同桌说一说，你家养了什么小动物，为什么会养这小动物，你喜欢吗？如果没有养小动物，那你最想养什么小动物。

2. 比一比。小组里交流，分别说说自己养的小动物（或最喜爱的小动物）可爱在哪里，比一比，小组里谁说的小动物最惹人喜爱。然后全班交流，教师引导，先比外形，再比生活习性，比如吃食、睡觉、玩耍等特点，最后比一比谁更疼爱小动物。

3. 写一写。把自己最喜欢的小动物分几个部分写下来，再读作文比较。教师与学生一同进行评议。

如果定位于指导学生怎样抓住小动物的外形特点、生活习性等来写，

也就是说，只重视写法的指导，忽视学生的感受，这就得不偿失了。

习作期待，便是研究如何根据年龄特点，转化这些抽象的知识，在“写作实践中学会写作”，研究小学生如何在面对作文时能“易于动笔”，研究如何针对小学生的知识面来拓宽渠道，“为学生的自主写作提供有利条件和广阔空间”（《语文课程标准》）。

小鸡，你往哪里跑

五年级　蔡永桢

表弟买来一只小鸡。当妈妈告诉我这个消息时，我立即兴高彩烈地冲向表弟家，对他家大门使出了“降龙十八掌”。表弟刚把打开门，我就迫不及待地冲了进去，大叫：“小鸡在哪儿?”“在这儿呢!”表弟小心翼翼地摊开手掌。只见表弟双手捧着一只毛茸茸的小鸡。

“给我看看!”我接过小鸡，摸着像绒球一样的小鸡，舒服极了。出于好奇，我缠着表弟问这问那。

“好痒啊!”我这才回过神来，只见小鸡的头一伸一缩，有节奏地啄我的手心，我只好把它放进了盒子里。看来，它一定是饿了。我和表弟从厨房里拿出几把米来，倒进盒子里，看着小鸡“狼吞虎咽”的样子，我和表弟开心地笑了。

一个星期五下午，我放学回家，就想到要去表弟家看小鸡。一进他家门，表弟便愁眉苦脸地望着我，沮丧地说：“哥哥，小鸡不见了!”“会不会在沙发下?”我们拿来手电筒，像一个武装特警正在扫除定时炸弹。

“发现小鸡!”表弟兴奋的声音在我耳边响起。我立刻来到他那边一看，果然，小鸡就在那儿。我高兴地叫了起来。为了不惊吓小鸡，我和表弟悄悄地把沙发移开。咦？小鸡呢？我往沙发下一看，小鸡又跑到另一个沙发下了。

原来它在和我们捉迷藏呢！经过我和表弟的同心协力，终于抓到了这个淘气的小家伙。

可爱的小家伙，你还往哪里跑啊！

（二）习作期待指向了学生的内需

辩证唯物主义认为，内因与外因是辩证统一的。教学工作既应重视改善外因，也应重视改变内因。就习作而言，一个学期6～8篇的习作任务，是客观的，是外因；作文经过老师的指导写成，是外在的，是外因；语文考试几乎都有作文，也是客观的，也是外因。这些外部的、客观存在的，便是外因。然而，真正促使学生写好作文的，应当不是强压给学生的几篇大作文、几篇小作文、周记和日记这些外在压力，也是不是教师“优质”的技法指导（也许能改善一些，但绝不是全部），更不是每次的考试，而是学生内心对习作的需求程度，这便是内因，是一种主观的需求，我们称之为内需。

换句话说，同样的一批学生，由同一个老师用相同的教学内容和相同的教学方法进行作文教学，学生的习作能力发展却有所不同，除了来自原有的基础与先天的素质外，更多的原因来自学生内心对习作的兴趣度和需求度，取决于学生的主观愿望。所谓“师傅领进门，修行靠个人”就是这个道理。

既然如此，是否意味着学生的习作能力发展与教师的教学方法与过程无关呢？恰恰相反，学生的主观需求和愿望虽然是内在的，却需要靠老师在教学过程中不断发掘、唤醒。第斯多惠说过：“教育的技巧，正在于唤醒、鼓舞、激励。”这唤醒、鼓舞、激励的过程，便是注重习作期待开发的过程，便是关注学生学习内因的过程。

教育心理学研究表明，人的主动性和积极性是人的学习主动力，是人的成长的主观原因。《语文课程标准》也说：要充分发挥学生的积极性和主动性。那么，习作教学作为语文教学的重点和难点，如果没有关注学生内心的因素，又怎么能达到“乐于表达”的目标呢？

习作期待正是把目标指向学生的内心，高度重视其对习作的情感，充分关注其对习作的感受与态度，这是革新习作教学的根本之路。

爱上“大老虎”

五年级　王　琳

说起作文，我不禁想起《女人是老虎》那首歌，只不过，在我看来，作文才是真正的“大老虎”。老师只要在布置作业时说“作文一篇”，我准晕。在我的心目中，没有什么作业会比这个更可怕的了。

幸好，这样的日子终于一去不复返，如今的我，已经爱上这只“大老虎”了。

三四年级的时候，每次考试，我的语文卷子中，扣分最多的总是作文题。还好老师总是鼓励我，说我具备了写作文的天赋，只是缺少素材，缺少积累。这话激励了我，让我没有失去斗志。于是，我在老师的指导下开始看书，先是偶尔看几本作文书，作文的长进不少。后来又阅读了各种课外书，作文时绞尽脑汁、搜肠刮肚的样子不知不觉消失了。虽然现在，我的作文还不是很突出，而且今年升入五年级重新分班，我们五（2）班的作文高手很多，但我仍然很有信心，一定会努力地写下去。

没错，兴趣是最好的老师！

（三）习作期待关注了学生的困难

我们在极力向学生宣传“作文并不难”“作文并不可怕”的言论的时候，内心其实一定有点发虚，仿佛这是“此地无银”的做法，越是多说，越是体现了作文的“难”与“可怕”。作文难，作文教学难，这是不得不承认的事实。因为，作文能力的提高，不是朝夕之功，不可能像数学一样，一节课学个概念、公式便能解决一类问题。要想学生在一堂作文课中写出一篇像模像样的作文，不是靠一两个技巧就能完成的。

学生作文之难，在于素材难求，在于表达难通，然而，习作期待一旦解决，这些困难便可迎刃而解。只要学生有兴趣去观察了，能主动去思考了，“写什么”“怎么写”都不会难倒学生。例如，指导三年级学生写一种水果，如果老师用讲解的方式指导学生先写外形、颜色，再写内部的样子，最后写味道。也许学生能把一种水果的特点按一定顺序表达出来，却不能保证学生能把水果特点表达得准确具体，还很可能出现这样的习作：“苹果的外形圆圆的……它的颜色红红的……它的味道甜甜的、酸酸的……”这是侧重于技法指导的教学方式使然，那么怎样才是侧重于习作期待的指导方式呢？请看以下教学：

1. 事前通知学生带一个洗净的水果（较小易携带的）。告诉学生，等到课堂中享用，体会作文加水果的滋味。

2. 课堂中，让学生谈自己吃过的水果和最喜欢的水果，然后用两句话写下来，读一读，交流。

3. 观察自己带来的水果，看一看，摸一摸，你发现了什么，联想到了什么，能不能用比较的方法、比喻的方式说一说。（引导写外部特征）

4. 剥开（或切开、咬开）水果，观察里面的样子（颜色、籽的形状、排列等），你发现了什么，想到了什么。（引导写内部特征）

5. 品尝味道，怎样形容这些味道，能不能进行比较（与没成熟的比较，与其他水果比较）。（引导写水果滋味）

6. 读一读自己写的片段，评价。

纵观这个教学过程，本来生活经验只是存在于学生脑海中的，但教师通过让学生亲眼目睹水果，观察、品尝，整个过程趣味盎然，学生不会在“写什么”的问题上徘徊，也不会在“怎么写”这个问题上挣扎。这个教学设计，便充分关注了习作期待的激发与利用，使学生没到作文课便想着作文课，到了作文课之后，看看、摸摸、品尝，写一写穿插于其中，教学目标在轻松有趣的体验中得以顺利完成。

综上所述，关注习作期待，便是关注学生的习作需求；利用好习作期待，便可让学生期待习作。要为学生铺就习作能力发展的坦途，就必须首先做好习作期待这篇文章。

丝瓜花

五年级　李华烨

我家门前的菜地上，种了几株丝瓜。爷爷用竹竿给它们搭了一个瓜棚，这几个小生命就顺着竹竿往上爬，一直延伸到我家窗前。

七月初，天气已不再那样凉爽，火辣辣的太阳炙烤着大地，万物都低下了头。而丝瓜却“芝麻开花——节节高”，不怕日晒，努力攀爬。

不知何时，丝瓜藤上结出了一个个花蕾，如一个个桃心般大小。

过了几天，花蕾慢慢绽放了。几朵淡黄色的花瓣和柱头构成了一朵美丽而又淡雅的丝瓜花，几株丝瓜合起来差不多也有五六十朵花。它们发出来的香味仿佛是一瓶天然的香水。

花儿发出的芳香，吸引了许许多多的蜜蜂来采蜜。它们飞到这朵花上采点蜜，又飞到另外一朵花上。它们成天穿梭在花与花之间。

还没过几天，丝瓜花便慢慢地凋谢了。随后从枯萎的花朵后长出了一条细嫩的丝瓜。

丝瓜花的生命是短暂的，但它对人们的奉献却是无限的。

三、有兴趣，才有活力

任何一种教学活动，没有趣味性也就没有吸引力，学生的学习效果也就没有保障。作文教学更是如此，让学生在理解、积累语言的基础上学会运用，就必须让学生感受到作文的乐趣，方能给作文注入可持续发展的力量。兴趣，就是作文教学的一盏明灯。

（一）情趣

情趣，是指以感情激趣，以情境激趣。这也是在习作教学中最为常用的手段。苏霍姆林斯基说："只有当习作对儿童来说变成一种鲜明的、激动人心的生活情景，时而充满了活生生的形象、声音旋律的时候，读与教学的过程才能比较轻松。"针对儿童的心理特点，遵循语言的生活规则，在习作教学中，教师需创设轻松愉悦的生活情境，充分调动学生的学习兴趣和热情，让习作教学始终充满活力和魔力，吸引每个学生参与其中。

如何在"情"字上下功夫，激发学生的习作兴趣呢？我认为，习作情景图、教师简笔画、多媒体课件、即兴小游戏等，都是不错的选择。尤其是游戏，最符合学生的心理特点，最容易集中学生的注意力，也能最大限度地激起学生的参与欲望。

请看如下片段：

师：请问同学们，你们每天起床穿衣，上床脱衣，是自己完成的吗？

生：（笑）有谁到了五年级还要别人帮忙，当然是自己来的。

师：看来大家觉得这是一件极为平常、极为容易的事情，对吧？

生：是的。

师：那谁能估计一下自己脱下一件外套，然后再穿起来，需要多少时间呢？

生：我觉得只要30秒就够了。

生：我只要10秒钟。

……

师：那好，我们就来现场试一下，把外套脱下来，再马上穿起来，看需要多少时间。如果能在30秒内完成，算成功。

（生跃跃欲试，师指定一学生演示，其他学生看时间。结果学生顺利地在20秒时完成了任务）

师：看来，这的确不是一件困难的事。然而，你们想过一个残疾人完成这样一件简单的事情有多困难吗？

生：不知道。

师：好，现在我们来体验一下。规则是这样的：每个同学模拟自己的一边胳膊不能动了，只能下垂着，只有另一边是灵活健康的，然后，用这一只健康的手完成脱外套、穿外套的工作（提示：嘴可以帮忙）。设想一下，你大概用多少时间能完成。

（生纷纷提出乐观的猜想）

师：那现在请两位男同学来试一试，看谁能比较快地完成这个工作。

（生上台演示，结果发现根本完成不了）

师：在座的同学也许觉得这两位同学不争气，这么简单的工作都做不了。那么，请你们现场试一下。

（师指导学生在座位上进行体验）

……

师：通过这个环节的体验，你发现了什么，懂得了什么，感受最深的是什么。请你来谈谈。

生：我觉得一边手不能动了之后，另一边手怎么也变得笨拙了，不听使唤了？看来如果失去一只手臂，将给我们的生活带来很大的不便。

生：在没有尝试之前，我还以为这不过是小菜一碟。可是现场试了一下之后，我才知道，一件平常很容易的事情，在残疾人的身上就变得不容易了。

……

师：现在，请同学们用笔记录下刚才的游戏，可以写游戏过程中自己的表现、猜想，也可以写他人的演示和语言，还可以写出自己的感悟。题目就叫《独臂行动》。

……

体验残疾人的生活困难，学会关爱残疾人，从模拟情境的体验游戏入手，这是把握了作文教学的兴趣点。以情境感染学生，以情感打动学生，作文教学的过程成为一场生动活泼的游戏，情趣盎然，是小学作文教学需要具备的特点。

独臂行动

六年级　王　琳

今天的作文课，叫“独臂行动”。

“独臂”不就是残疾人吗？对，老师就让我们当了一回残疾人。真是不当不知道，一当吓一跳。

游戏是这样的，陈老师先让我们尝试一下脱掉外套又马上穿上外套，看需要多少时间。我们都觉得这是一件小儿科的事情。特别是我，觉得用不了10秒钟就能完成。于是我主动报名，上台演示了一回，结果，成功地在老师限定的时间内完成了任务。我沾沾自喜，这太容易了。

可是，接下来的游戏让我“大跌眼镜”。老师要求同学们只用一只手完成脱、穿外套的工作。同学们跃跃欲试，觉得这虽然可能有点困难，可也不算什么。于是小手如林，大家都举手想来试一把。这一回老师请了两位男同学上台，我没份。我心想，太悲哀了，让我来给大家露一手该多好呢？没想到，上台的两位同学竟然连外套都脱不下来，更别说穿了。只见彦强急得面红耳赤，扭动身子，又是嘴咬，又是手扯，可是衣服就是脱不下来。最后，老师看他们俩没办法，只好请他们各用一只手互相帮忙。就这样，他们还费了好大的劲，才完成脱外套的工作。

老师还让我们也试一试，这正合我意。不试还行，试过之后，我才庆幸刚才请的不是我，要不然，我也一定像现在这样抓耳挠腮，束手无策了。

我终于知道，只要身体有一个方面的残疾，生活都会很不方便，难怪老师最后让两个同学互相帮忙。

（二）理趣

语言习得没有公式和法则，却一定是有规律和方法的。在习作教学中，一旦涉及方法的传授，就必然会与枯燥联系在一起。一定是这样吗？未必。如果把这些方法的习得与形式活泼的教学活动结合在一起，就必然会使方法习得变得趣味无穷。我们不妨把这种学习的趣味称之为理趣。如果说情趣注重的是学生情商的开发的话，那么理趣就是注重了学生智商的挖掘。如果说情趣是侧重于习作素材的觅取，那么理趣就是侧重于习作方法的习得。习作教学，以“习”为主，而要习得方法，最好就是从观察方法的习得入手。趣中识理，有理更有趣。

何捷老师是一位在作文教学方面极有研究的专家，他开创了一系列的游戏作文，形成了自己独特的作文教学风格，学生在他的作文课里是学并

快乐着。这里不妨举一个何老师的课堂教学片段。

、

师：孩子们，在你们的认识中，观察仅仅是“用眼睛看”吗？还可以怎么做呢？

生：用耳朵听，鼻子闻，嘴巴尝……

师：对，观察就应该是手、口、耳、鼻、眼全方位进行，可以用眼睛看，用手触摸，用耳朵听，用鼻子闻，用嘴巴尝。这节课，咱们就单说其中一个途径——触摸。

、

师：在这节课中，大家的手头要勤快，记录越多，作文越容易写。接下来，咱们来玩一个和触摸有关的游戏：“盲人”雕塑家。（板书游戏名称：“盲人”雕塑家）请大家及时笔记并且认真观察，你在老师书写的游戏名称中有什么发现？

生：我发现“盲人”一词上有加双引号。

师：对，观察得很细致。其实，扮演“盲人”的孩子只要带上眼罩就可以了。这个游戏需要四种角色，分别是：“盲人”雕塑家、模特、蜡人、评委。（板书：角色名称）扮演“盲人”雕塑家的孩子需要比较细心，记忆力强。扮演模特的孩子要求耐力比较好，不怕痒。扮演蜡人的孩子要求脾气好，能“任人摆布”。剩下的就是观众兼评委啦。（师口述，要求生做好速记）

（生推荐产生三个主角）

师：接下来说说游戏的玩法，共分四步。首先，“盲人”雕塑家和蜡人戴上眼罩后，请模特摆出一个夸张的造型。大家看看，这一步最关键的动作是什么？

生：摆。（师板书：摆）

师：其次，请“盲人”雕塑家来观察模特。你们认为他该怎么观察呢？

生：用手触摸。

师：对，触摸就是一种重要的观察手段。要摸得细，记得牢。（板书：摸）接下来要进行第三步，请“盲人”雕塑家将蜡人雕塑成与模特一样的造型，尽量保持一致。（板书：雕）“盲人”雕塑家既可以口头发出指令，又可以用手来直接指导蜡人摆出造型。最后，请评委们擦亮眼睛，仔细找“茬儿”。雕塑家的满分是10分，找到一处差异扣1分，看看他能得到几分。（板书：找）

（生完整复述角色安排、角色要求以及游戏规则）

……

整个游戏过程中，学生情绪高涨，学习热情高，效果自然也就好。

何老师的游戏课堂还有许多，如《拍数字电报》《过桥迷陷》《给漫画家的信》等，一看题目就觉得趣味十足。而他的游戏设计中往往渗透着观察方法、表达方法的指导，为习作课堂带来了新的气息。

（三）奇趣

很多时候，有奇就会有趣。“文似看山不喜平”，作文教学平淡无奇必然是无趣可言，学生没有参与的热情也就在情理之中了。“奇”可以是课堂内容上的新奇，也可以是教学过程中设计的一波三折，还可以是教师教学模式的常变常新。

先说说在内容上的“新奇”之趣。普普通通的一样事物，在作文课堂中就可能是一个新奇有趣的内容。正像放大镜的原理一样，本来显得特别平凡的事物，在放大镜下会化小为大。经过这种放大，细的变为粗的，小的变为大的，平凡就不再是平凡了。在一次作文课上，我就把一颗小小的瓜子“放大”了，让学生把这一颗瓜子变成了笔下的一篇篇文章。

小瓜子　大乐趣

五年级　范诗颖

“你们猜猜盒子里面装着什么？”陈老师举着一个小盒子神秘兮兮地说。同学们立马纷纷议论起来，有的说是小玩意儿，有的说是糖果，有的说是巧克力……

陈老师微笑着摇了摇头，然后他慢慢地打开盒子。呀！里面竟是一包瓜子。

老师让每个同学拿了一颗瓜子。我拿的那颗瓜子，从正面上看，它平平整整，可是从另一面看，它却挺着一个“大肚子”，那“大肚子”上还有一些小斑点呢！虽然样子不怎么好看，它却散发着浓郁的芳香。

在老师的指导下，同学们开始了观察的第二步，那就是小心嗑开瓜子，观察内容特点，并品尝一下瓜子的滋味。我小心翼翼地嗑开它那黑中带黄的壳，里面躺着一个白中泛黄的仁，仔细一看，上面还有一处变了色，像是它的“胎记”。这个“胎记”上有的地方颜色深，有的地方颜色浅。

把瓜子的仁放到嘴里慢慢地咬，会感觉瓜子仁从那种炒熟的香味慢慢地变成淡淡的咸味了。虽然平时有吃过瓜子，可从来没有这样细心地品尝，也体会不到瓜子的各种滋味。

吃完瓜子后，嘴唇上留着咸味，嘴巴里却留着瓜子仁那淡淡的香味，回味无穷，说实话，真想再吃一个。

品尝完老师给的瓜子后，陈老师又开始展示同学们嗑开的瓜子壳。只见，有的同学的瓜子壳已经粉身碎骨，有的同学的瓜子壳仍然完好无损，有的同学甚至连瓜子壳都放到嘴里一起吃了……

小小瓜子，余味无穷。

再说说教学过程的“曲折”之趣。在习作课堂的教学活动中设计一些比较曲折的体验，让过程充满悬念，又让结果出其不意，往往可以调动学生的真实情绪与情感，从而形成强烈的表达欲望。在一次习作教学观摩活动中，一位教师在执教《礼物》一课时，有这样一个教学环节：

1. 谈话

初次见面，老师给大家带来了一样礼物，不过礼物少，同学们人多，所以只好要求同学们形成学习小组，我把礼物送给你们小组。行不?

2. 猜礼物

学生小组合作，先观察外包装，再互相猜一猜，要记住同组同学猜的是什么，有什么根据，并观察同学的表情神态，记住自己心里的感受与想法。

3. 议礼物

在老师的指令中，组长逐步拆开包装，让学生体验紧张的、期待的心情。

其中一组拆开包装——奶嘴。

学生捂嘴偷笑、不好意思、纷纷议论，老师让他们说说自己心里的想法。

生：老师太坏了，我们有这么幼稚吗？

生：老师好像在耍我们吧！

生：老师送我们这个礼物，什么意思呀？

……

师：看来大家对老师的礼物不太满意，不过如果你仔细回想一下它的用途，也许就能悟出老师为什么要送这个礼物了。

在老师的启发下，学生把礼物理解为记住自己婴儿时代中母亲的辛劳，感恩母爱……收到效果。

师：礼物虽小，但一定不是没有意义的，现在你们还怀疑老师的用心吗？

……

相继让其他小组拆开礼物，均出乎学生的意料。

学生在这个环节中，情绪从激动、期待转变为失望、抱怨，最后又在老师的引导下逐渐找到礼物真正的意义所在，收获一些感悟。可以说，礼物的出现，是没有一个学生能够猜想出来的，真正做到了悬念迭起、出乎意料，形成了曲折起伏的课堂情感。个中趣味，只有身在课堂中的师生体验最深。

语文是工具性与人文性统一的学科，在习作教学中，赋予习作教学情趣、理趣和奇趣，就是赋予习作课堂浓浓的人文气息。

四、有快乐，才有活力

“要是陈岩同学把眼睛拿掉，就更帅了。”（师评语：不会吧，眼睛可以随便摘除？拿掉还更帅？错别字了不得，“眼镜”写成“眼睛”闹笑话）

“同学们平时要养成爱卫生的习惯，吃完的垃圾要扔到指定的垃圾箱

内。”（师评语：哇，原来有同学是吃垃圾长大的。表达不准确，“吃完的垃圾”可以改为“吃东西所制造的垃圾”）

“周末的时候，我和朋友一起骑车去黄泉路玩……”（师评语：太恐怖了，“黄泉路”还能往返游？看来未满12周岁还真不能骑车上路，不然真可能上黄泉路。嗨，写错别字造成误解是在所难免的，我猜应该是“环城路”吧）

在作文课里，我把这些曾经出现在学生作文中的“笑话”展示出来，学生听后笑得“让眼泪飞”。快乐的笑声里，这种“笑话”渐渐消失在他们的作文中……我也渐渐明白，作文需要快乐，作文教学也需要快乐！

也许是作为语文教师的缘故，我对相声、小品等语言类节目情有独钟，纵然人们对春晚舞台上的节目褒贬不一，也改变不了我对这类节目的喜爱。除了欣赏节目带来的“笑果”，娱乐一下心情之外，我更愿意透过其中一些经典语言品尝其中的无穷韵味。兔年春晚上的小品《同桌的你》中留下的那句“此处略去一万字”就是其中之一。

该小品所带来的幽默效果除了演员们自身的搞笑本领之外，更多的是源自一封漏洞百出的书信。信中的错别字和符号字（用圈代替文字），以及“此处略去3个字”“此处略去78个字”等，都留下了令人猜疑的悬念，没有准确表达出书写者要表达的意思来，于是造成了误会与笑话。其实，反思我们的作文教学，这样的笑话绝不鲜见，每次批改学生习作，老师总会啼笑皆非。那么，诸如此类关于作文题材的笑话，给了我们怎样的启示呢？在这些笑话的背后是否意味着我们的作文教学某些方面的缺失？

1. 启示一：非智因素的缺失

【笑话举隅】

与“狼”同住

有一位学生放暑假去农村体验生活，住在一位老大娘家，老大娘十分关心他。有一天，他给父母写了一封信：“爸爸妈妈，我现在住在老大狼家里，每天早上，她都把我咬醒……”父母看了，忙叫道：“快救救我儿子，他每天都跟狼在一起。”

【透析】错别字是学生作文中最为普遍的毛病，严重影响了学生的作文质量。不仅错别字，就连小小的标点，也会对作文能否准确反映作者的意思产生极大的影响。这些问题看似小问题，要想解决却是大问题，究竟为何？原因之一，便是作文教学中非智力因素的缺失。

不难分析，学生写错别字（或标点符号误用）的原因，一是学生粗心大意；二是学生本身对字音、字形混淆，掌握不牢，对每类标点的用法无法熟记于心。而日常教学中，老师们每天都在做为学生纠正错别字的工作，每天都在按课程标准的要求传授标点符号使用的知识，为何不见效？原因就在于教师所做的工作停留在传授知识、培养能力的层面上，也就是说，只注意学生的智力因素，却忽略了非智力因素的作用。在心理学中，非智力因素（一般指狭义）包括动机、兴趣、情感、意志、性格。而学生之所以粗心大意，之所以“不拘小节”，正是因为学生缺乏持之以恒的意志，缺乏修改作文的兴趣，缺乏主动学习的动机，缺乏探究学习的情感。

新课程改革理念在设计思路上指出，课程目标依照“知识与能力”“过程与方法”“情感、态度和价值观”三个维度设计。由此可见，“情感、态度、价值观”是语文课程（当然也就包括作文教学）的目标，而不是手段或方法。从这个维度来看，非智力因素就不再只是在学习过程起辅助、失去作用的因素，而是教师应当着手去培养的目标。具体到作文课堂中，就是指教师不应当只就错别字教辨字，就标点符号教用法，而应关注学生在学习习惯、兴趣、意志力方面的缺失，努力培养学生的兴趣和自信，让学生在写作和修改中不仅治标，且能治本。

2. 启示二：语言意识的缺失

【笑话举隅】

你有几个爸爸

老师让小学一年级的学生用“陆陆续续”造句，于是就有了这么一句：“下班后，爸爸陆陆续续地回家了”。老师评语：“你有几个爸爸？”

【透析】如此另类造句其实不胜枚举。例如用“欣欣向荣”造句，学生查字典，意思是比喻生长美好的样子。于是，有学生造句：“我的弟弟长得欣欣向荣。”老师评语：“孩子，你弟弟是植物人吗？”用时髦的话说，这样的笑话太雷人。为何小小的造句，竟会有如此强大的“杀伤力”？

我们知道，在社会生活中，语言是人类的交际工具。人与人之间的交际沟通除了口头语言，就是书面语言，因而，写作可以说是生活的产物，是为了服务生活而存在的。语言，尤其是书面语言能否准确地表情达意，决定着人与人之间的沟通是否畅通无误。相比而言，书面语言比口头语言更加要求严谨。叶圣陶先生就曾提出自己的看法："写作虽说就是说话，究竟与寻常口头说话有所不同。""写作又得比说话正确些、齐整些、干净些。说话固然也不宜错误拖沓，可是听的人就在对面，不明白可以当面问，不心服可以当面驳，嫌啰嗦也可以提意见，写下来。看的人可不在对面，如果其中有不周到不妥帖处，就将使他人不明白、不心服、不愉快，岂不违反了写作的本意？"

而我们的作文教学中，学生的语言表达无法准确、规范，正反映了学生语感不强的事实，也反映了教师在指导过程中语言意识的缺失。教育中，教师对学生出错的确应该宽容，但并不代表对学生的错误内容进行纵容，而是指态度上、情感上的包容。这一点，特级教师贾志敏用言行给我们作出了示范，他说："语言文字来不得半点马虎。"观摩他的作文课，我们发现贾老师有着极强的语言意识，用他的严谨态度影响着学生，学生的表达不行就说不行，不好就说不好，哪怕是一个字、一个标点，而且发现了一定要改到最妥帖为止，绝不姑息。

在作文教学中，要求学生语言文字的表情达意要做到恰如其分，教师要首先做到对语言有极其敏感的意识，及时发现语言表达中不合乎语法、情感的成分，并通过严谨的推敲给学生作出示范，引导学生也学会斟酌文字，从而在一点一滴的积累中学会准确运用，

3. **启示三：习作体验的缺失**

【笑话举隅】

红叶"疯"了

一个小学生，看到被老师点到念作文的同学，特别羡慕，总盼着老师也能让自己念一回。机会终于来了。

"某某，把你的作文给大家念一下！"

小学生腾地一下站起来读道：《红叶"疯"了（枫叶红了）》……

结果红叶没疯，同学差点笑疯了……

【透析】我们可以看到这位可怜的小学生心中的羡慕、盼望，这是一种多么强烈的情感，是一种多么可贵的品质。如果忽视了学生这种积极的作

文情感，就会导致学生在第一次尝试中出现这样的笑话。作文之前的准备是体验，作文的过程是体验，作文之后呢？如何让学生感受自己作文的高度？如何关注学生的期待心情？如果做到了，学生的习作体验才是完整的。反之，习作体验就有了缺憾，不利于学生习作热情的延伸，也就不利于培养学生习作的可持续发展能力。

还有一个笑话，老师布置作文题《懒惰》，一个学生在作文本第一页写上题目，第二、第三页空白，在第四页写上一行字：“这就是懒惰。”老师无语。这样的笑话与“此处略去一万字”可谓异曲同工。学生对“懒惰”的理解可谓到位，谁看了都懂，但语言表达的过程才是学习能力提高的过程，也是体验生活的过程，懒惰的表现多种多样，只有用文字、用具体的事例来写，才算完成习作任务。自然，现实生活中，学生不可能钻这样的空子。但这告诉我们，只有重视学生写作过程的体验，才能让学生的作文呈现出五彩缤纷的颜色，也才能达到育人育心的目的，达到叶圣陶先生所说的“作文即生活”、林语堂大师所说的“作文即做人”的境界。

五、有积累，才有活力

“合抱之木，生于毫末；九层之台，起于垒土”说的正是积累的重要性。提高学生的语文素养，得从丰富学生的积淀、夯实学生的底蕴开始。当前的语文教学已经把“积累”提升到一个重要的位置上来，这是可喜的。然而基于种种原因，学生的积累虽偶有教师指导，但多数还处于无序状态，或虎头蛇尾，或朝三暮四。如何摆脱此种困境，如何让老师的指导呈现系统性、有效性与合理性？我认为，语文教师可以把积累当成一道数学运算题。

（一）加法：日积月累的策略

毫无疑问，积累是一项长年累月坚持不懈的工程，是知识的不断叠加形成的。虽然这不是一种简单的“1＋1式”的叠加，但不可否认，积累，它肯定是一种加法。以成语的积累为例，今天学习关于历史故事的成语，明天学习关于神话传说的成语，后天学习关于寓言故事的成语……一段时间以后，学生的记忆库存便是这些分类积累之总和。

因为积累是一种加法，所以需要学生长期和系统的学习，才能形成较为完整而全面的语文素材库。但是，在教学实践中，可能因为教师的任教班级经常变化而半途而废，也可能因为老师为了眼前的“成绩”而顾此失彼了，于是学生的积累往往“有一餐没一餐”，加法也就不能顺利完成了，更不可能呈现一种“连续加法”的良性态势。这是比较遗憾的，最终受影响的是学生将来的语文学习之路。

【练习举隅】

1. 填地名，连成语

至高无(　　)　(　　)底捞月　金石为(　　)　(　　)官许愿
人定胜(　　)　(　　)落石出　难能可(　　)　(　　)春白雪
语重心(　　)　(　　)暖花开　人才济(　　)　(　　)征北战
五湖四(　　)　(　　)诛笔伐　声东击(　　)　(　　)居乐业
说东道(　　)　(　　)死不屈　一步登(　　)　(　　)津乐道

2. 把下面带“马”字的成语补充完整

(　　)马加鞭　(　　)马功劳　(　　)马行空
(　　)梅竹马　(　　)猿意马　(　　)马观花
(　　)马之劳　(　　)马上任　(　　)马弯弓
(　　)兵买马　(　　)鹿为马　(　　)马当先
(　　)马齐喑　(　　)马奔腾　(　　)枪匹马
(　　)驴非马　(　　)群之马　(　　)马厉兵
(　　)翁失马　(　　)困马乏　(　　)戈铁马
(　　)驴找马　(　　)水马龙　(　　)仰马翻
(　　)崖勒马　(　　)荒马乱　(　　)丝马迹

（二）减法：以退为进的艺术

如果说加法式的积累是语文教师尚有可能做到的话，那么减法式的积累，却不是每个语文老师都能做到的。所谓减法，简单地说，就是学会弃之糟粕、取之精华，在指导学生积累的过程中，注意舍弃一些不合适的内容，让学生的积累不至于盲目。我们知道，学生的积累最重要的方面来自于阅读，尤其是课外阅读。在这一点上，最需要语文老师要善做减法，以退为进。例如，到了中高年级，老师应当鼓励、组织学生阅读一些中外名著。然而我们知道，像《三国演义》《红楼梦》等古典名著多是文言文，如果让学生读普及本，可能少了原汁原味，营养价值不高；如果让学生读原著，又颇有难度。那么教师完全可以舍弃部分晦涩难懂的内容，留下一些经典的章节以供学生阅读。这种看似减法的课外阅读，难度降低了，学生的积极性就提高了，积累的效果也是明显的。

以下是我在六年级学生寒假期间布置的一项阅读积累任务。对小学生来说，四大古典名著中最难的是《红楼梦》，大多数学生都不愿接触，于是我先给出了四项阅读研究目标，然后让学生自由选择删去其中三项，只研究其中的一项。结果，学生完成得特别好，还有部分学生选择了两三项进行研究，超出了老师的预期。

阅读研究——我选择，我做主

《红楼梦》小说中，我们可以专门研究以下几个方面的描写，你认为哪一样是你最感兴趣的？哪一样是你觉得难以读懂的？请舍弃其中的三项，选择其中的一项进行摘抄，然后写一写自己的感受。

A. 书中有大量的诗词，很有韵味，比如黛玉葬花一段中有“花飞花谢花满天，红消香断有谁怜”等诗句，我可以自己进行初步的理解。

B. 书中关于人物的外貌描写很有特色，比如刘姥姥进大观园时，对刘姥姥的外貌描写，再比如“凤辣子”王熙凤出场时的衣服着装描写，都令人叹为观止，我可以摘抄几句进行揣摩。

C. 据“红学家”考证，书中的人物名称都有一定的含义，可以从名字的谐音入手进行分析。比如“贾雨村”意为“假语村”，“甄士隐”意为“真事隐”，“元春、迎春、探春、惜春”四姐妹的名字中首字连起来就是“元迎探惜”，意为“原应叹息”，预示着结局比较悲凉。我愿意摘录书中的人物名字，弄清楚他们之间的关系，并揣摩一下作者给他们取名时有什么含义。

D. 书中描写了许多人物，其中又以女性为多，女性中又以“金陵十二钗”最为典型，究竟谁是“金陵十二钗”，她们的性格和最终的命运是怎样的，我愿意读一读并研究一下。

值得一提的是，四项研究性阅读都有积累的目标在内，也有探究式的目标在内，有一定的难度，但正因为在要求中出现了“减法”，许多学生感觉有了选择和舍弃的余地，显得特别有兴致，因此阅读积累的效果自然也就有保证了。在积累策略中，有时也需要这种尝试——与其全面出击，不如专攻一点。

（三）乘法：事半功倍的妙招

积累的目的是什么？当然是为了运用，也为了提高人的人文素养。那么，积累只是一个过程、一个途径而已。不必忌讳，在积累这个问题上，结果应当是重于过程的。既然如此，追求“小投入”而“大收入”，便是我们的共同理想。做好一道乘法，便可让积累“事半功倍”。

经典诗文诵读是当前很多学校和教师开展的一项活动，有的是“每周一诗”，有的是“课前一诗”，有的在教室里设“背诗角”，有的上“诗文欣赏课”，可谓“八仙过海，各显神通”。而我认为，在课堂教学中，随时采用联想的方法举一反三，往往可以促进学生积累的成倍增长。比如学到《卜算子·咏梅》一文时，让学生同时积累写梅花的诗词，如《墨梅》（王冕）、《梅花》（王安石）等，并让学生及时记录在课本里，随时翻看。如此这般，读到春天诵《春居》，遇到大雪背《江雪》。一篇课文带出几首诗词，触类旁通。积累的过程如润物春雨，了无痕迹，效果却实实在在。

教学《清平乐·村居》（苏教版小学语文五年级上册）一课，在拓展阅读的环节，我引导学生观察清平乐词牌的格式，词的上阕与下阕在表达侧重方面有什么特点，再体会词所描绘的那种优美的意境，最后出示三首《清平乐》，让学生分组进行研究阅读品析，体会词所表达的意境，并试着学习清平乐的填词方法。

1.《清平乐·博山道中即事》（辛弃疾）

柳边飞鞚，/露湿征衣重。/宿鹭窥沙孤影动，应有鱼虾入梦。

一川明月疏星，/浣纱人影娉婷。/笑背行人归去，/门前稚子啼声。

2.《清平乐》（李清照）

年年雪里，/常插梅花醉。/挼尽梅花无好意，/赢得满衣清泪。

今年海角天涯，/萧萧两鬓生华。/看取晚来风势，/故应难看梅花。

3.《清平乐·六盘山》（毛泽东）

天高云淡，/望断南飞雁。/不到长城非好汉，/屈指行程二万。

六盘山上高峰，/红旗漫卷西风。/今日长缨在手，/何时缚住苍龙？

这个过程正如数学题里的乘法，数字可以成倍增长，积累也能举一反三，通过一篇课文的学习而拓展出更多的阅读与积累，让学生在语言的积累与运用中实现提升。

（四）除法：合理分配的门道

很多时候，因为功利而把积累沦为填鸭式，老师总是强迫学生死记硬背一些“AABC式”“ABCC式”“两两相近式”“两两相反式”的词语，以应付考试的需要。严格地说，这不是真正意义上的积累，没有经过消化的积累是不具备生命力的，更不会给学生的成长带来多大的帮助。要想让学生的积累呈现合理性实现，并有消化的时间，那么老师就必须把需要学生积累的知识进行合理分配。以课外阅读为例，如此众多的课外书值得学生阅读，但如果在某一学期内，想要让学生把所有的读物一网打尽是不可能的，如果把它分配到不同的学期、不同的年段，什么时候读儿童文学，什么时候读科普文章，什么时候读名人传记、中外名著……有了这样一个完整、全面而合理的计划，学生读得可能就轻松一些，消化得可能就更好一些。

当前一些学校开展的课外阅读指导就比较规范、系统。比如，一些学校安排学生从一年级开始进行课外阅读，明确制订不同年级的课外阅读书目，同时辅之以考级等评价方式，这就是让阅读积累显得更为系统、更有计划。

教高年级学生时，每节语文课上我都会尽量课前三分钟开展语文活动。高年级的学生具有一定的自学能力和语文实践能力，因此，我开展的活动就针对这一特点设计6～8个项目，让每一名学生都参与其中（每学期大致两轮）。以下是我五、六年级四个学期的课前三分钟活动安排：

学段	设计内容	设计意图	注意事项
五年级上学期	1. 课前笑哈哈（自主选择一个笑话或小幽默，课前说给大家听）	培养口语表达的能力，学会与同学交流。	以“笑果”来评价优胜者。
	2. 新闻我来播（搜集国家大事、家乡趣事、身边小事，并且上台播报）	培养搜集材料的能力；搜集素材以备作文用；培养学生口头表达能力。	鼓励脱稿，鼓励同学进行点评。
五年级下学期	1. 好书我来评（把自己读过的、认为最值得推荐的书介绍给大家，并尽量加入自己对书的评价）	学会鉴赏式阅读；试着形成独立的见解；培养口语表达能力（推荐能力）。	口头推荐后，在课后还要把自己的评价、推荐内容制作成一份小报。搜集好全班的进行装订。
	2. 成语连珠炮（这是比较简单易操作的一项活动，就是以小组为单位进行的成语接龙）	积累成语；学会合作。	可以采取分组同题进行比赛，形式为书面纸条。
六年级上学期	1.《论语》讲坛（每天指定一名学生教大家一句《论语》，要会读、会懂、会背）	积累经典文学；学会与同学进行互动；练习口头表达。	鼓励学生背记《论语》，让“教”的学生负责检查每个学生的背诵情况。
	2. 天天把诗背（一生上台背一首诗，并能简单说说诗的大概内容及作者的思想感情）	积累经典文学；在理解的基础上积累；练习表达。	提示：诗歌的作者要讲。
六年级下学期	1. 美文共欣赏（学生上台背诵一段课外积累的现代美文，并简单赏析）	训练语感；借鉴语言表达形式；学习鉴赏语言。	所背诵的美文要求学生用笔誊写在统一的纸张上，以便收集装订。
	2. 毕业留言季（每位学生都用一句名言或自己创作的语言来赠送给全班同学，并说说含义及理由）	名言内涵深挖掘；练习运用名言警句；增加同学之间的情感交流；练习口语表达。	专门开辟心愿墙，让学生在说完自己的赠言之后粘贴在心愿墙上，留下自己的“足迹”。

“千里之行，始于足下”，如何引导学生走好当前的足下之路，是教师应当思考的问题。无论是“加减”，还是“乘除”，都需要我们用心去完成这一道算式，为学生的语文素养的终身发展奠定扎实的基础。

六、有资源，才有活力

俗话说：“巧妇难为无米之炊。”美味佳肴须用材料来烹饪，高楼大厦须用材料来建设，同样，佳作华章也须用材料来构建。如果说“炊”是作文的表达，那“米”就是“炊”的物源。巧妇无米尚不能炊，小学生没有素材，又如何进行表达呢？要让学生轻松快乐地写好作文，教师就必须与学生一起找到“米”！

语文老师常为学生作文选材的单一、陈旧、俗套而焦虑，学生则又常因没有素材、不会选材、无从下笔而苦恼。作为教师，我们常对学生说，作文的选材一定要真实、要新颖、要典型。可是什么样的材料才是真实、新颖、典型的呢？学生纳闷。对于学生而言，难的是手头根本没有作文素材，如何再从中选择出这么些真实、新颖、典型的材料呢？

现在的生活条件为学生创造了一个五彩缤纷的世界，学生怎么会找不到下锅的“米”呢？关键在于学生对生活的态度，以及对生活的敏感性。由于学生年龄小，“身在福中不知福”，对生活的不热爱、不敏感，致使他们捕捉不到精彩的瞬间。《语文课程标准》指出：“引导学生关注现实、热爱生活，表达真情实感。”因此，老师首先要走近学生，培养学生对生活的热爱，指导学生认识生活、观察生活、创造生活、积累生活，并指导学生如何捕捉生活中的精彩，这样学生作文时才有“米”下锅，也才能从中感受习作的快乐。

（一）“与生同乐”，课间找“米”

赞可夫说过：“只有在学生情绪高涨、不断要求向上、想把自己独有的想法表达出来的气氛下，才能产生使儿童的作文丰富多彩的那种思想、感情和词语。”

教师如果仅仅是在课堂中与学生同在，课间又远离学生，那么如何能走进学生精彩的世界？事实上，课间才是学生最精彩、最闪亮的时刻，教师若在课间主动加入到学生的队伍中，与学生一起玩，一起聊，不但可以增进师生间的情感交流，更可以发现或创造许多的习作素材。

有一阵子，班上学生玩开了魔方。只要一到课间，大多数学生的手上都捧着一个魔方，三五成群地凑在一起，有的聚在一起比速度，有的捧着魔方在向“小师父”求教，有的摇头晃脑地背公式……看到这种情形，我不但没有制止，反而加入了他们的行列，不时还传授给他们一些秘诀，留心他们玩魔方时的表现。在一堂作文课上，我把魔方带入了课堂。

师：同学们，老师发现最近班上有许多同学都在玩一种益智的游戏——魔方，是谁把魔方游戏带到班上的？已经掌握诀窍的同学有多少？正在学习的有多少？完全没入门的同学也举个手。（初步了解）

师：每个部分的同学派一个代表来说说你们玩魔方的感受，没入门的同学也讲讲你冷眼旁观的感受。（生畅所欲言、情绪高涨）

师：学魔方难吗？谁能把你学魔方的过程详细地说一说，老师也想要学一学。（程度不一）

师：看来同学们对魔方的掌控程度各不相同，感受也不一样。同学们，把你们学习魔方的过程，以及各不相同的感受写出来，这就是一篇很好的习作。

于是，《我为魔方“狂”》《学魔方好难》《“冷”眼看魔方》……一篇篇带着学生不同感受的习作跃然纸上。

事实上，学生的课间游戏丰富多样，常常是一样热潮尚未退尽，另一种游戏又流行起来，悠悠球、小飞板、小航模、F1 赛车……只要是学生正在流行的游戏，都可以成为作文课中的主题。因此，课间游戏，找“米”不难。

（二）“没事找事”，活动造“米”

叶圣陶先生曾就作文说过这样精辟的话：“作文原是话语的延续，用来济说话之穷，在说话所不及的场合，就作文。”作文应是交际的训练场，真实的生活中有许多值得选取的交际情境，可学生并没有发现，这时就需要老师的参与、指导。

许多时候，教师可以“没事找事”，开展一些实践活动，让学生参与到其中来，既关注学生活动的结果，也重视学生活动的过程。这样，学生在实践活动中有了深刻的体验，在习作中也就能言之有物，直抒其言了。

有一个周末，我布置学生开展“调查错别字”的课外活动。我让学生在调查前做好准备：看看哪些地方有错别字？给错别字归类，看看哪些是属于笔误，哪些是属于有意而为？想办法让老板订正错别字，注意观察老板的神情与态度变化。比比看，谁改的错别字最多。学生带着明确的任务，几人一个小组就上街调查去了。

师：同学们，这次调查错别字的活动中一定发生了许多精彩的故事，看谁能把观察到的老板的神情与态度的变化细节精彩地描述出来。（生对讲老板的神情特别感兴趣，一个个争先恐后地讲，有几个小组的同学还分角色表演，于是和蔼可亲的脸、怒目而视的脸、迷惑不解的脸……一张张呈现在大家面前）

师：那同学们知道老板为什么会有这些不同的脸？（生分析原因，同时也讲出了错别字的类别）

师：在与老板交流的过程中，你自己的心理感受有什么变化？（紧张、害怕……）

师：通过这次调查，你们明白了什么道理？

师：看来这次活动，同学们受益匪浅。拿起笔，把这些精彩的瞬间与你们的感悟相结合，相信你们能写出一篇篇各不相同的习作。

……

像找错别字这样的活动，是最常见的语文实践活动。在开展这样的活动时，我们要认识到，这个活动仅以规范汉字的书写为目的是远远不够的，还要让学生能在这样的实践活动中培养阅读生活的能力，培养学生与人交际的能力，培养学生与人合作的能力等。那么，这个包含着学习知识、交际体验、合作探索的过程，就是学生最珍贵的素材，完全可以在实践活动之后以习作的方式进行延伸，为习作造“米”。

除此之外，对于学校开展的一些活动，语文老师要培养学生有敏感的素材意识，去感受一切活动带来的体验。当这种活动素材意识成为习惯之后，学生必然能够把这种活动的精彩瞬间留在自己的本子上。

挑战6分钟

五年级　陈泽睿

少年警校的活动持续了两天。在这两天中，我最难忘的还是第二天下午的那一次定型练习，那一次6分钟的挑战。

那天下午，天气晴朗，是个难得的好天气。我们训练了一会儿后开始休息，没多久，武警队排长就走过来，吹响了哨子，严肃地喊了一声："集合——"我们赶紧站好位置。排长发话了："现在，我们要举行一场比赛。看看谁能在我规定的时间内，直立在原地纹丝不动，那么，能完全做到的一队就赢了，"排长顿了一下，继续说，"另外，我们还要评出第一名、第二名，知道了吗？好了，第一场比赛时间为3分钟，预备——开始！"我们立即站好，可没到5秒钟，我后面的一队便"光荣下岗"了。

第二场比赛增加了难度，时间为5分钟。我们三排的队员站得笔直，一动不动，目视前方。只见排长的眼光正在扫描，不到10秒钟，一支女队也被排长宣布"报销"了。我心里顿时轻松了一些：呵呵，两个对手退出了，现在最少也能得个第二名吧！

正想着，第三场比赛又开始了，时间定为6分钟。通过前两场的体验，我知道这6分钟对于"定型"来说，是足够漫长的。为了胜利，我不顾腿麻脚酸，立即进入状态，眼平视，脚并拢，手掌心紧紧地贴在裤子的两边，笔直地挺立着。排长注视着每一位队员。操场上一片寂静，似乎都能听到同学们的喘息声。突然，排长指着我们排里的一位同学说："这一排，第二名！"我见我旁边的一位同学怒气冲冲，竟然跑出队伍，想揪出这个"害群之马"，而我呢，虽然也心有怨气，还是忍住了。

唉，与冠军只有一步之遥呀！郁闷！

（三）“书海畅游”，阅读淘“米”

在从事语文教学的过程中，我们不难发现，对习作不感兴趣、在习作上“举笔维艰”的孩子，那一定与不喜欢课外阅读或课外阅读的质量不高有关。阅读是薪，写作是焰，没有阅读积累，就不可能有轻松写作。可以说，要想培养学生的习作能力，那一定得从课外阅读的兴趣培养入手。

“读书破万卷，下笔如有神。”叶圣陶先生也曾说：“他们有个不二法门，就是熟读名文，读着读着，自己顿悟。”可见，课外阅读是写作的基础，在畅游书海的过程中，学生不仅可以直接从书中找到习作素材，更可以学到捕捉素材的方法。各类书刊可以为学生的写作提供可借鉴的词汇、材料和技巧。可现在的孩子，每天愿意花两个小时的时间看电视、玩电脑，却不愿意花 30 分钟的时间看书。于是每重新接一个班的学生时，我总是半民主半强迫地交代课外读书任务。等过一段时间后，我就会与学生及时交流读书情况，既了解学生的阅读效果，又是为习作打下铺垫。

师：同学们，这段时间老师认识了《假如给我三天光明》中的海伦·凯勒，还有谁也认识她？（只有几只小手举着）

师：请一位同学来简单地介绍海伦·凯勒，别的几位同学一会儿补充。

师：同学们觉得海伦·凯勒是一个怎样的人呢？（生畅所欲言）

师：海伦·凯勒有哪些值得大家学习的地方？

师：除了海伦·凯勒，老师还认识《钢铁是怎样炼成的》中的保尔，《鲁滨孙漂流记》中的鲁滨孙……谁来介绍？或者可以介绍你自己新认识的人物。

师：看来同学们认识的人物比老师多多了，书中不同的人物也给同学们留下了深刻的印象，同学们从书中主人公身上学到了不少。同学们，拿笔记下你们刚才的感受，这就是一篇很好的读书笔记。

于是，在轻松的氛围中，在交流读书心得中，我又完成了一篇作文的指导。

书海无涯，珍宝无数，漫游其间，就是一种“淘宝”的过程。花费大量的时间引导学生进行课外阅读，换回学生丰富的习作素材，让他们的习作能力得到发展，这才是习作教学的正道。由此可见，书中“淘米”，定是“磨刀不误砍柴工”。

我写作，我快乐

五年级　陈泽睿

我，是个不折不扣的小书迷，书架上挤满了课外书，已经快四百本啦！很多知识和小窍门，都是这些课外书教给我的，正像郑渊洁说的，我是“借着作家的眼睛看世界”。看着大作家们出版的一套套书籍，什么“专辑”啊，“系列”啊，我的心里直痒痒：我的“书龄”不短了，啃了作家们的那么多作品，自己何不也动笔写一本，自我欣赏一下？说不定还能发表呢！

我只是个小学生，自然写不出令人潸然泪下的散文，也写不出引人入胜的科幻小说，所以我便从校园小说和童话这两种文章类型入手，练练自己的文笔。随着年龄的增长，我再进行更难的尝试。

写小说，自然有很多的要求，题材、结构、语言、动作、思想、细节等，如果我真能把握好这些要点，那么文章会有明显的进步。我知道，自己在细节描写上还不够，所以，文章不会很精彩，但是每写完一篇故事，我都十分快乐，毕竟是自己的成果嘛！

不知不觉中，第一本校园小说《小陈故事多》的草稿厚了起来，我的努力有了结果。上个寒假，我将四万多字的书稿交给老爸修改，并打印了出来。在打印的过程中，我才发现有好多错别字，或者掉词漏句的。最近，老爸又重新为我的“作品”修改了一次，并排版打印，精心装订，面貌焕然一新，小毛病小错误都无影无踪了。我爱不释手，虽然不可能出版，但我拿来卡纸为它制作了封面，一有空便翻阅一下，激励自己写下去，争取下一部比前一部写得更好更棒，争取成为一个作家，也许还能得个诺贝尔文学奖呢！（呵呵，痴想一下）

最重要的是，在写作中，我不断阅读，有了源源不断的力量和灵感；在写作中，我感受到了身心的快乐，我体验到了文字在眼前跳动的欢悦；在写作中，我更感受到校园的美好，生活的美好。

我写作，我成长！

我写作，我快乐！

善于观察，就能留住精彩生活；善于发现，就能创造难忘瞬间；善于“找米”，就能拥有习作素材。教师就应该利用一切机会，帮助孩子们去观察、发现，从而解决“写什么”的问题。

七、有“心”，才有活力

心有多大，舞台就有多大；

心有多远，人就可以走多远；

心的律动，就是习作课堂的脉搏；

有心的课堂，才是有活力的课堂。

前些年，我曾观摩过一场较大型的省内作文教学研讨会，这是我从教以来第一次参加比较大型的观摩活动，因此印象特别深刻。会上，十几位教师执教习作教学指导课，知名专家张文质、孙绍振等对每节作文课进行了客观而深刻的评点，更有名师武凤霞作课《我的名字我做主》。平常极少有听作文公开课的机会，此次能一次性听到十几节作文课，着实受益匪浅。当时尚且不善于观课议课的我，在几位专家的评课引导下，逐渐学会去剖析一节课，去读懂一节课，去欣赏一节课。

大凡公开课，总是最容易让观课者看到不足。同样，这些作文课自然也是良莠皆存。但是，在我眼中，大多数的作文课还是“新”意十足的。它们最大的特点就是赋予作文课新的活力：或是在制造素材方面别出心裁，或是在方法引导上独树一帜，或是在评点作文中点石成金……细细观摩他们的课堂，我发现，要让作文课堂教学充满活力，真是离不开教师的爱心、耐心与细心。

（一）用爱心关注生命，让作文课的理念新

“以爱育爱，以人为本”，这是新时期教育最基本的理念。无论是哪一

门学科，都必须从这一点出发，对学生多一份真诚的关怀，对生命多一份由衷的关爱，才能使教育永远不会过时，永远走在正确的轨道上。要使作文课推陈出新，充满激情与活力，教师务必从爱心出发，从生命化的教育开始。

习作教学（语文教学）的终极目标不仅仅是培养学生的语言运用能力，还应该有学生在课堂中的生命成长，这其中包括道德品格、文化滋养、审美熏陶等。我们的作文课，不仅在记录生活百态，而且在品味世间百味；不仅让学生倾听内心的呼喊，而且让学生倾诉真我的需求。记事作文也罢，想象作文也罢，活动作文也罢，考虑到学生的内心需求，关注学生的接受能力，才是对学生真心的呵护与帮助，习作教学才是建立在有意义的基础上的一项活动。

举例来说，在作文教学内容的选择上，多位执教者都能关注学生的需求，直击学生的心灵，让学生在有真情实感的基础上实现有话可说。

（课件出示视频：坐在篮球里的小女孩，失去双腿之后，她每天能做些什么？）

师：看了这些视频与图片，你的第一反应是什么？请把这个词写在本子上。

（生写词语）

师：现在，我让同学们说说，你的脑海中出现的是哪一个词语。

生：我写的是“可怜”。

生：我写的是“无助”。

生：我写了“坚强”。

……

师：现在，同学们能不能告诉我，画面上的什么触动了你，让你想起了这个词？可以根据老师提供的句式来说。

出示句式：

①当我看到________时，我想起了__________。

②我定下了________，是因为我看到了__________。

（《第一反应之后》，执教：赖学贵）

利用真实的图片了解人物和事件，借此唤起学生的同情，勾起学生的联想，激发学生的爱心。在老师的不断引导下，对话不断深入，课堂中孩子们感动得流泪，他们体验到了生活的残酷，也感受到了自己的幸福。与此同时，老师进行一些句式的指导，学生学会了用笔去表达这一份感动、一份收获。教师用的是这样一种方式让学生去热爱今天的生活，庆幸自身的健全。从技术角度说，这是教师在寻找学生的动情点，以使作文有话可说。从人文角度看，这又何尝不是对学生的一种爱的关怀？

在观察和写作中关注学生能力，特级教师武凤霞老师的《我的名字我做主》一课给我们进行了很好的示范。这是游戏类作文课，教师考虑到学生的记忆不能持久，于是把游戏分解成几个片段，让学生在每个游戏片段之后马上回忆刚才的情景，立即动笔，而不是等到一个完整的游戏完了之后进行全程式扫描。一个小小的细节处理，让我们看到其背后倾注了教师的多少关爱。

一枝一叶总关情，用爱心去选择题材，才会让学生有话可说；用爱心去选择方法，才能降低难度，让学生克服“有话难说”的困难；用爱心去评价学生，才能让学生感受生命的被尊重，感受作文的快乐。这样的作文课堂才真正被赋予了新的理念。

（二）用耐心驾驭课堂，让作文课的气息新

张文质老师说：“教育是慢的艺术。”那么，我们在教育教学中，该如何诠释这种慢的艺术？我认为，在课堂教学中，教师所表现出来的耐心，就是一种慢的智慧，就是一种慢的艺术。有活力的作文课堂必须涌动着智慧的波涛，那样才是有生命力的课堂，才是可持续发展的课堂。

在我看来，张老师所说的课堂中表现出来的“耐心”应该就是驾驭课堂的一种技巧。特级教师武凤霞在评课时也同样说到，课堂中千万别总是担心冷场，不要总想用自己的某些“缺少生命活力”的语言来填满整个课堂，反而可以适当地“留白”，给学生一些思考的时间和空间。只有在这些间隙里，学生的思维才会悄悄地生长、蔓延，课堂才会彰显出新的气息。

师：孩子们，刚才你们通过正面观察（师板书：正面观察）抓住了我的一些特点。大家观察得很认真，我看到许多同学的目光都在追着我走。

是的，聪明的孩子总是对新的人、新的事充满好奇。为了满足大家的好奇心，我们这样吧，你们可以就我的工作、学习、生活提出一些感兴趣的问题，让我来解答。这样你们会对我有更多的了解。

生：老师，您是不是每天都加班加点？

师：你在问我的工作累不累？谢谢你的关心。

生：你的爱好是什么？

生：你对你的学生也都是这样微笑吗？

生：我想知道老师的年龄。

生：你的学生乖吗？

师：听听，你们多厉害，一下子提了这么多问题。不过，老师可是有备而来，我不直接回答你们的问题，我给大家带来了一些资料，相信你们自己能从资料中找到问题的答案。

（课件出示老师家中的图书，展示书架中的图书、杂志的种类，老师到杭州、海南、绍兴、九寨沟、武夷山旅游的照片及老师家中培植的花花草草）

（生带着刚才所提问题静静欣赏这些图像资料）

师：大家觉得这些资料可以回答你们所提的哪些问题呢？

生：我们知道了老师的爱好。

师：刚才你们还问到了我如何对待工作，如何对待学生。我想，这个问题我没有发言权。这个问题应该问问我的学生。瞧，他们来了。（生皆把目光投向教室门口）哈哈，孩子们，你们上当了！他们在这儿呢！

（播放学生录音）

师：是哪位同学问了这么一个问题：如何对待学生。现在，你找到答案了吗？

生：我找到答案了。

师：我们先不忙着回答这些问题。还有一位同学问到我的年龄。本来女士一般是不告诉别人年龄的。可谁叫你们是我的小老乡和朋友呢！我给大家一点提示，带大家认识一个人吧！

（出示教师孩子的一段录像）

师：透过这些资料，大家对老师多了一些侧面了解，同时还找到了你们所提问题的答案。大家肯定抓住了老师工作、生活中的更多特点。挑你印象最深刻、最有话说的一点与同桌聊聊吧！

（同桌交流从资料中了解的关于老师的特点）

（《新老师印象记》，执教：陈雪玲）

抓住孩子们的好奇心，让学生进行一连串的发问，而教师显得分外有耐心，让学生把自己所有的问题抛出来。正是教师的这种耐心让学生越发变得急不可待，有效地激发了学生的求知欲和好奇心，充分利用了学生的期待心理，确实是作文教学中的高招。陈老师的课堂里，课堂气氛是活跃的，学习热情是高涨的，这种活力与老师在课堂中的用心驾驭是分不开的。

张弛有度，耐心驾驭，必能举重若轻、游刃有余，从而使我们的作文课堂呈现出生机。

（三）用细心研究教材，让作文课的内涵新

从教学内容方面来看，作文课有的来自课本单元练习，也有的是根据自己的理解和需要设计的作文题材；有的是记录过去生活中的素材，也有的是畅想未来理想；有的是现场游戏记录众生相，也有的是确定主题让学生众说纷纭；有的是从内容入手解决学生写什么，也有的是从方法入手解决学生怎么写。无论是哪一种，都离不开老师对教材重、难点深入细致的研究，如果缺少这一项工作，那么，作文课的内涵便得不到充实，更无所谓创新了。

作文教学的重、难点是什么？特级教师施茂枝认为："作文教学最大的难点，就是如何唤起学生的生活体验，让学生有物可表，有言可发。"因此，教师在设计作文教学之时，必然要在这一方面下功夫。

1. 猜礼物

猜一猜，说一说猜礼物时的感受和心理活动。

2. 收礼物

收礼物，引导观察、感受、体验。

（师提示：要注意观察礼物的样子及小伙伴的表现；要注意捕捉自己的

独特感受、心情、联想）

3. 说礼物

让学生说说接受礼物的过程和心情。

、 ，

1. 自由交流

细细地回忆：在与亲友、师长、同伴交往过程中，你曾经收到过或赠送过哪些礼物？你为什么收受或赠送这些礼物？哪一次给你留下了深刻的印象，给你留下温馨的回忆？在这些礼物后面有哪些感人的故事？（同桌之间互相交流）

2. 反馈评点

指导要点：

一是基本内容，时间、地点、对象、礼物，接送双方表现；

二是表达情感，真诚、真实；

三是表述语言，规范、得体、生动；

四是习作素材，适时肯定其观察、感受、积累的能力，点拨哪些可以成为习作的好材料。

、 ，

1. 构思指导

想一想，以“礼物”为话题，写写“礼物的故事”，你准备写些什么？（留时间让学生梳理、思考、选择，交流时尊重并肯定其选择）

你选择的习作内容主要想表达什么？

为了表达你的这种情感、心情或想法，你准备先写什么，接着写什么，最后写什么，重点写什么？

你准备给习作拟一个什么题目？

小结：一般来说，重点可以写接、送礼物的过程与心情，或想到的相关的事情；题目里可出现“礼物”，也可不出现“礼物”两字；还可以用相关的人物、礼物的名称或以最深的感受等，加以适当提炼，作为习作题目。

2. 片段习作

想清楚之后，写下你要写的题目，拿起笔来写一个片段（任选一个）：

（1）习作的开头。

(2) 最难忘的情景。如接（送）礼物那一时刻的情景，注意真实地写出当时是怎么接（送）礼物的，当时的感受、心情以及心理活动。

温馨提示：卷面整洁，字迹工整；分段叙述，真情实感。

3. 片段赏析

(1) 轻声朗读，自我评改。

(2) 展示片段，赏识评点。

4. 课堂小结

（《礼物的故事》，执教：蔡淑丽）

蔡老师设计的此节作文课，根据的是北师大版小学语文五年级下册第三单元文化主题。《礼物的故事》习作指导，选题源于语文教材，源于儿童生活，力图使儿童习作与儿童的阅读、生活紧密地联系起来，让孩子有内容好写，喜欢写，乐于写。谁注重了教材资源的研究与开发，谁就为作文打开了作文的大门，为学生找到了作文的素材，为课堂带来了生命的活力。而某些课堂中，教师或是在教材内容的确定上脱离学生的实际，或是给学生的作文思路预定情感基调，都导致了学生无论是说还是写，都显得空洞而乏味。以上的两种反差让我们不得不相信，教材的深度便是课堂的深度，突破了难点，课堂才有新的内涵。而这一切，只有教师在探究教材时有足够的细心才能做到。

“问渠哪得清如许，为有源头活水来。”在作文教学的创新田园里，“心”才是源头活水，只有用自己的真心，才能换来作文课的新，才能在作文课中培育出一个个新鲜活泼的生命来。

八、有阅读，才有活力

叶圣陶先生曾说：“阅读是写作的基础，阅读的基本训练不行，写作能力是不会提高的。”那么，如何做好阅读的“基本训练”，从而提高学生的写作能力呢？读写结合就是一种有效的途径。

从20世纪50年代开始，丁有宽老师就对“读写结合”进行了卓有成效的教改实验。从当前的新课程理念来看，阅读教学与写作教学也应当和谐统一于我们的语文课堂之中，从而提高学生的综合语文素养。我们知道，阅读教学中学生与文本的对话基本包括三个方面：一是顺着作者的表达思路，读懂作者要说的意思；二是根据内容品读、分析文字，感受作者所要表达的情感；三是明白文章之中作者所悟之道理。此三方面，都需要读者与作者形成共鸣，才算达到“对话”和“互动”的效果。其实，这正是阅读教学所需要的拓展点与增值点。具体地说，就是在阅读中，除了懂得作者的表达方法，还要进行写法的迁移；除了与作者一样感动，还要寻觅情感的延伸；除了明白作者阐明的道理，还要追求理性的共鸣。

（一）效法

法，即表达方法，大至顺序结构、详略处理、点面结合、动静协调、说明议论，小至语法修辞、遣词造句、引经据典等，都可称之为“法”。学习文章中的表达方法，进行模仿训练，这是在阅读教学中进行读写结合最常用的基本形式，也是写作教学中最常用的教学方法。然而，这些“法”并不能靠一朝一夕取得，而是需在阅读教学中常抓不懈。正如叶圣陶先生所言：“如此为教，比之脱离课本而徒讲文章结构语法修辞者有效。”教师引导学生阅读课文，时时不忘探究“为什么要这样写”“为什么用这个词、这个句式”，虽不处处提到作文，实则处处与作文有关，让学生把学习写法成为一种阅读习惯。

苏教版小学语文五年级下册有一篇文章《早》，作者吴伯箫在文中专门用一个段落按空间方位的顺序介绍鲁迅故居三味书屋。像这样介绍室内陈设的文字，最适合用空间方位顺序表达，作者给我们作出了很好的示范。用好这个范例进行写法迁移，是此课阅读教学中的一个读写结合点，教师当抓住契机进行读写训练。首先，当让学生自读，用自己的阅读发现此段文章的记叙顺序；其次，让学生找出表示空间方位的词语，如“朝西”“门两边”“里边”“东面正中”“画前面”“正中”“分列在四面”“东北角”等；再次，图文结合，让学生根据文字叙述从图中找出鲁迅的书桌，然后学生闭上眼睛，教师读这段文字，学生想象三味书屋内的陈设。教学至此，阅读并未结束，教师可以进行当场的口头表达训练——当一回导游。先用方位词，向“游客们”介绍三味书屋，再练习用表示方位的词，有顺序地说说我们教室内的布置。当然，也可以让学生当场动笔写个片段。

诸如此类的写法迁移训练可以深入到每一篇课文中，如根据《莫高窟》中飞天壁画的排比句式描写展开想象，也用相同的形式写上几句；根据《鸟的天堂》中大榕树的描写，尝试用动静结合的方式写校园中的柳树；根据《山中访友》的写法，写一写自己曾经交过的动物朋友等。

按叶圣陶先生的说法，训练学生的表达能力就是为生活中的实际运用服务的，学生学习文章的表达方法，是语言重新思考的过程，更是语言在头脑中“定型”的过程。而写作中最终能够“定型”的，能够推而广之的，无非是表达的技法。

因此，读写结合，效“法”为先。

（二）移情

“登山则情满于山，观海则意溢于海”，那么，读书也当情贯全文。“语文学习材料的人文内涵丰富”（《语文课程标准》），其中，情感内涵最为丰富。引领学生体会语言文字中所蕴含的情感，体会人物的内心世界，感受人物的品质特点，这些都是阅读教学应当要做到的。

但是，如果阅读教学仅仅停留在这个层面上，显然是不足的。文字背后的情感是作者的情感，文字背后的思想是作者的思想，这些思想和情感没有被激发之前，没有被读到心里之前，都是静态的，而一旦被读者所接受，就有了情感的共鸣、情感的激活。学生的情感因为阅读而被调动起来之后，语言表达的冲动就客观地存在于学生的心中，也就是说，从作者到读者的“移情”已经成为可能。但仅仅是可能，它还需要用“写”（包括口头表达）的方式来实现真正的“乾坤大挪移”。

比如学习《卖火柴的小女孩》，其情感目标是激发学生对小女孩悲惨命运的同情。当看到又冷又饿、无家可回的小女孩那美妙的幻想一次次随着火柴的熄灭而破灭时，当看到小女孩随着幻觉中的奶奶一同“飞走”的时候，当看到小女孩那小小的尸体出现在新年的街头时，学生内心的同情与怜爱已如蓄满之池，不得不溢。此时，何不让学生把这不吐不快之“情”

表达出来呢？李吉林老师就曾专门上过这样的一堂作文课，根据学生的这种情感体验进行延伸创造，让学生进行想象作文。李老师先出示一位 9 岁的小学生写的一首诗《你别问这是为什么》，以揭示主题，并激发学生的兴趣；然后引导学生用“她来了……”为开头进行想象，让学生体会同情他人就要学会关心他人，帮助他人，在关心与助人中体验快乐；最后提出要求让学生在表达中培养能力，升华情感。

可以看出，李老师正是把学生这种由阅读中产生的深切同情，悄悄地转移成了关爱与帮助，既培养了学生善良美好的情感，又培养了学生的表达能力，真可谓是“移情”式读写结合的典范之作。在日常的阅读教学中，我们也完全可以抓住这些情感生长点，让学生在吐真情的基调上提高表达能力。比如，读了《别饿坏了那匹马》，让学生写一写自己的读书故事；读了《凡卡》，以“爷爷”的口吻写一封回信给凡卡；读了《乌塔》，也用具体的事写一写自己已经拥有了哪些独立能力（生活自理能力）等。

真情无限，“情”是读写结合之核。

（三）议理

阅读材料中，有一部分是深蕴哲理的，即便是一般的叙事文，也往往能让人感悟为人之品质、处事之道理。因此，从“理”说开去，引导学生就“理”谈事，就事议“理”，便是很好的读写结合之道。

我们知道，到了高年级，学生的心理年龄较之中年级有所成熟，学生在阅读中往往容易形成自己的观点，文章中或直接总结或间接暗示的哲理，不仅会给学生以启发，甚至会引起他们的共鸣，这些都为学生议理提供了可能性。

教学《聂将军与日本小姑娘》（苏教版小学语文六年级上册）一文，在总结全文时，学生中有人发表了自己的看法：日本人很可恨，在侵略中国的时候屠杀百姓（百姓是无辜的），聂将军却救了两个日本人，真让人不解。老师抓住这个契机，让学生谈谈自己的看法，说说聂将军这样做对不对，并说出理由。受课堂上的时间限制，老师让学生在课后写一写。这便为读写结合又提供了一个绝好的机会。

这样的训练还可以在很多阅读教学中进行设计，比如，读罢《诚实与信任》，请你先对文章中的“我”与小红车的主人的做法进行评价，然后说说你在生活中遇到的关乎“诚信”的事；《学会合作》告诉我们什么道理，写一写你的看法，并举一些你生活中与人“合作”的例子加以说明；《莫泊桑拜师》中，福楼拜说的话给你什么启示，结合你自己的亲身经历来谈谈……

值得一说的是，说理文对小学阶段的学生来说有一定难度，但对高年级的学生来说，就阅读中悟出的道理发表自己的一些看法，陈述自己的一些观点，用举事例的方式来议论，也是可以尝试的。

以“理”促读写，不妨一试。

从语言的理解积累，到语言的灵活运用，需要一个过程，需要学生的思考。因此，有意识地进行读写结合的活动，便为训练学生的思维能力、表达能力搭建了一个平台。这样的平台可以大些，也可以小些，甚至小得不易觉察，无招胜有招。叶圣陶先生曾说：“教阅读如教得好，更不必有什么写作指导。”我想，此话便是读写结合的至高境界吧！

第四章 4 “实话”一定要“实说”？

——作文教学应考虑个性特征

作文是一种表达的艺术，“以我手写我心”，个性是作文的灵魂。契合新时代的作文教育理念，教师需要为学生提供广阔的写作空间，减少对写作的束缚，才能让学生表现真实的自我，实现作文习作的个性化，实现素质教育中个性意识的回归。

舒婷在《致橡树》一诗中写道：

我如果爱你——
绝不像攀缘的凌霄花，
借你的高枝炫耀自己：
我如果爱你——
绝不学痴情的鸟儿，
为绿荫重复单调的歌曲；
……

社会生活的竞争性日趋严重，要想培养能适应新时代要求的人才，追求个性，拒绝平庸，是必由之路。然而现实的状况是，应试教育的阴霾并没有完全散去，我们的教育事业不可避免地存在着很大的功利性。尤其是作文教学，要么缺乏个性，正如“痴情的鸟儿”一样“重复单调的歌曲”；要么是畸形的个性，就像“攀缘的凌霄花”，借高枝炫耀自己。在人云亦云的时候，我们不妨多些反思，就如人们在大声疾呼“实话实说”的时候，我们可以问问自己——“实话”一定要“实说”?

一、把“实话”说好

“实话实说”是新课程理念下习作指导课中的新思路。《语文课程标准》中指出：“要求学生说真话、实话、心里话，不说假话、空话、套话。”于是，教师在作文课中最常用来鼓励学生的话便是“怎么想就怎么说”“怎么说就怎么写”等。“实话实说”蔚然成风自然是可喜的现象，毕竟返璞归真是人文关怀中最为实质性的内涵。但是，由此而产生的一些现象却是不可回避的。吉春亚老师曾在《新作文》中撰文《跨越作文“真实”的尴尬》，指出作文中一些另类的真实所带来的尴尬，如黑色幽默、散漫调侃等。我

的学生的习作中，也出现过类似的情况。

［示例］我最讨厌的人（半命题作文）

要说我最讨厌的人，那非本班的“小太监”莫属。同学都偷偷给他这个外号并不是空穴来风，你瞧他那一举一动、每招每式都饱含太监风范：走路扭腰摆臀，说话嗲声嗲气。最令人讨厌的并不是这些，而是他以那极为“残忍”的“手段”来欺负他人，甚至还给自己的每一招都隆重地取了个名儿，什么“大力金刚指”，什么“铁腿穿裆术”。我是吃他苦头最多的人，说起他，真令我有咬牙切齿之感。

……

这是实话吗？当然是实话，发生在我班级中的事，我怎不了若指掌？实说了吗？也当然实说了，吃了“他”的苦头，能不讨厌他吗？再说，半命题中留下的空不正是让他们说实话的吗？可是这类作文若是得到肯定，那班级中那些极为伤人的绰号便会悄悄流行起来，那该如何面对？评价这样的作文，真让我想起吉春亚老师文中提到的“遭遇尴尬”之情景。直到此时，我才真切地感受到——“实话”，就要“实说”吗？未必！

可如此一来，不是与《语文课程标准》相悖了吗？其实不然。课标中的确要求学生讲真话、实话，不讲假话、空话，但不是“实话”就一定是空话吗？“实说”就一定是无所顾忌地说吗？对待《语文课程标准》，我们必须深入而客观地理解，决不能浮于浅表、断章取义。

让我们来看看“实话”中包含了哪些内容：它可以是学生的心里话，可以是学生所观察到的景、物、人、事，也可以是听到的、感觉到的。而这些往往是无序的、零散的，学生的“实说”可以如此只言片语、支离破碎吗？当然不可。清代画家郑板桥曾与人谈起画竹的情景：“江馆清秋，晨起看竹，因光、日影、露气，皆浮动于疏枝密叶之间。胸中勃勃，遂有画意，其实，胸中之竹并非眼中之竹也。因而磨墨、展纸、落笔，倏作变相，手中之竹又不是胸中之竹也。”这段话告诉我们，画到纸上的竹并非眼中所见之竹，而是几经“变相”而成。

画画如此，作文何尝不是这样？教师、学生对写“真实”的理解往往就认为是把看到的、听到的原封不动地说出来、写下来。其实，这些人、事、物同样需要经过你眼中、胸中、手中这几个阶段，带有了主观色彩。

可见作文的真实指的是所写的内容要符合生活实际，即使写的内容没有亲身经历过，但生活中完全有可能发生，也就达到真实的要求了。

看来，要让学生把想说的话说出来，并不只是让学生简单地罗列一些事实见闻、所见所思，而是需要学生进行一定的加工和组织。这里就如何指导学生学会把“实话”说好谈一些浅见。

（一）为尊重他人，忌直言不讳

诸如上文提到的绰号之类在学生口中极易流传的词汇、语言，在某些时候有其正面影响之功效——鲁迅笔下那“豆腐西施”“细脚伶仃的圆规”，形象而生动地刻画出一个人物形象。但是，学生的绰号当中，属于雅号的只有极少数，大多是粗俗浅薄，甚至低劣伤人的。因此，在说话表达之前，教师极有必要提醒学生，无论是写作还是说话，都必须以尊重他人为基础，切忌直言不讳。

在《班级里的一件趣事》习作导思引说之前，我便要求学生不能把捉弄他人或有伤及他人自尊、隐私的事当作有趣的话题，更不能以别人的缺点开玩笑、取绰号。也许众多教师会认为，提出条件或要求，必然限制学生的思维，束缚了学生的头脑，但试想，如果等学生说出如此这般“有趣”之事时，再去评价引导甚至扼杀，那造成的伤害木已成舟，其不良影响是无论如何也不能消除干净的。这样的“思维扩散”，不要也罢！

（二）为体现意境，须虚实相生

正如前面谈到的郑板桥画竹，有了实景和虚境的交相辉映，其笔下之竹必然不同于刻意写实的平庸之作，可见虚实相生必成妙境。谈到虚和实，许多教师可能一直认为所谓“实话”，与之相对的一定是“空话”，二者绝不可相容。殊不知，“实”与其另一相对之词“虚”却可以共存。武术中有“实招”与“虚招”之分，二者相互配合，更可令武功“高深莫测”。写作中的“写实”与“虚构”同样可以共栖。著名特级教师刘锡庆教授曾提倡这样一种观点：虚实并存，对小学生作文训练来说，是有益处的，为了发展学生的思维和培养其兴趣，甚至可以重“虚”轻“实”。虽然这其中的“虚”包括想象作文，但在写实作文中，虚构的存在往往可以使作文妙趣横生。

我上作文课《童年趣事》（人教版小学语文六年级上册）时，许多学生有话可谈，也颇具真实性，可单薄苍白，“趣”味不多；还有一些学生搜肠刮肚却愣是没“趣事”可写，怎么办？我进行了两个方面的引导：其一，回家听听父母说你童年时的事，在认真听的基础上提出疑问，同时加上自己的想象和猜测，写下来；其二，看一看自己周围的儿童，有没有发生在他们身上的趣事，再回忆自己的童年有无相似的事件，把它作为写作材料加以改造，写下来。也许又有教师对此举质疑：这样的虚构不是太偏离“真实”了吗？这不是无中生有吗？我却不这样认为。这两种引导方式都建立在“真实”的基础上，无论是父母的回忆，还是周围儿童的趣事，都是真实发生过的，加上自己的言语表达，何尝不可。相反，这样的作文学生更易完成，作文完成后可读性更强。

（三）为顾及整体，要讲究条理

在习作课中，很多教师都能在引导学生“说”这个环节上下功夫，最常见是让学生先“想说什么就说什么”“想怎么说就怎么说”，再作梳理、归纳。这样的思路是符合逻辑的，梳理、归纳是思维的整合过程。但这样的整合过程完全由老师代替，甚至到高年级还“扶”着不“放”，便不妥了。“说什么”是内容，是实话；“怎么说”是表达，是实说。如果任由学生鸡零狗碎地实说，再由老师帮着整理，学生必定养成依赖的心，最终导致杂乱无章地写。相反，如果在学生要把“实话”说出口之前，教师就让其在头脑中加以整理，让学生学会有序表达、有重点表达、具体表达，这样必然使学生既顾及整体，又关注部分，既重视了“面”，又强调了“点”，口头表达就逐渐趋向于成熟化了，也更接近于书面表达了。

因此，作文课中引导学生就作文话题进行讨论之时，我时常事先强调，“实话实说”并非原封不动、毫无顺序地说自己的见闻，而是把自己的见闻感受讲出来之前，先想一想该怎么讲更有条理些，是概括地讲，还是具体地讲等。这样，学生在完成“说”的过程时，便在心中有了写作之腹稿，同时又训练了思维能力，岂不一石二鸟?

由此看来，“实话实说”本身并没有错，关键是教师引导学生用怎样的方式实说，让学生在“说”的过程中发展能力，感受“真实”，体验习作带来之乐趣。

网络上和报刊上，“真实作文”还是热点话题，也是新课程改革以来小学作文教学中最受争议的一个词。那么，作文教学中，教师该如何看待“真实”，又如何在教学实践中实现“虚实并存”?

1. 从教学目标角度俯瞰，“真实”当服务三维整合

是否该强调真实?真实的范畴在哪里?要解决这些问题，不妨先解读一下我们的教学目标。所谓“会当凌绝顶，一览众山小”，站在目标的高度来俯瞰，一切会显得更加清晰而全面。

《语文课程标准》中指出：课程目标包含三个维度，即知识与能力，过程与方法，情感、态度与价值观。对于语文教学来说，这三个维度的目标不是孤立的，而应是有机结合成一个立体的结构，从而为学生的终身发展奠定基础。作文教学是语文教学的一个部分，当然也不能偏离总目标一丝一毫。如果说“知识与能力”“过程与方法”侧重的是语文工具性质的体现，那么，“情感、态度与价值观”则是重视了人文性质的教育。可以看出，“真实”所引爆的话题，正是集中于这一点上。支持“把真话说到底”，是因为鼓励学生做一个真实的人，正如陶行知先生说的“千教万教教人求真，千学万学学做真人”；而认为某些“真话”导致教育得不偿失，也是因为“真话”经“引导”而悖逆了真正的真实，使“倡导真实”本身就成了一次虚伪的作秀。

事实上，无论哪种观点，都是以“倡导真实”为基调的，所不同的是对“何为真实”的理解。我从教学杂志上读到一则案例，讲的是一位王老师在课堂上变相体罚、故意损坏学生物品的行为被学生进行了详细的描写。毫无疑问，学生这是实话实说，即使有损教师的光辉形象，这毕竟是真实的内容。但是，该学生在写本片段之前，还不忘加上这样一句“王老师是一位让人尊敬的老师，他对学生的要求很严格”。试想，老师通过这些非常规手段去教育学生，还可以被理解为“让人尊敬”，或者是“要求严格”，那么学生的情感、态度与价值观是不是已经被扭曲了？他们要不就是被强迫说了假话，要不便是已经学会说假话了。由此看来，这篇习作前后之间的矛盾的确是存在的，“真实”也是需要质疑的。

要让学生在作文教学乃至语文教育中培养正确的情感、态度和价值观，教师的心中就必须先有正确的一杆秤。于是，教师在考虑“真实”的时候，更应当考虑，是不是整体兼顾了三维目标，既考虑到了知识能力的授予，过程与方法的体验，又重视让学生浸润于正确的价值观念之中，去培养学生对事物正确而客观的认识态度。

2. 从教学方法角度透视，“真实”需通过合理引导

很多时候，学生真实的生活经历客观存在，却因为各种原因无法以良好的形态出现在自己的作文中，有限于自己的观察能力的，有限于自己的表达能力的，也有限于对说真话而担心“遭殃”的心理顾忌的。基于这些原因，教师在作文教学中，必然要采用合理的教学方法，引导学生把这些真实经历真实地表达出来。

当然，这里的“合理引导”并非是让学生体会老师体罚、变相体罚这样的行为背后的“良苦用心”“出发点是好的”，从而无条件接受，并领会这是“可敬”的一面，而应当是针对具体要求进行客观而合乎情理、合乎事理的引导。假如这是写一篇“我尊敬的一个人”，那么，学生这样的选材势必有些牵强，教师的引导就须在选取素材上下功夫；假如这是写一篇“我难忘的一个人”，那么，学生所选之人、所取之事是切合“难忘”一词的，教师的引导则需要引导学生写出自己当时的感受，表达自己真实的想法，甚至可以向“王老师”提出一些合理的建议。

在作文教学实践中，有很多时候，学生无话可说、无物可写，都是因为素材的匮乏，沉睡在学生脑海里的生活经历没有被激活。而鼓励说真话，写真事，就很有利于打开学生的思路，帮助学生解决“写什么”的问题。

但是，学生找到素材可以付诸笔端之时，更需要老师有所引导，才不至于为了“真实”而让作文失去应有的光彩。比如学生的真人真事中有伤害他人自尊的，应当尽量避免；有涉及他人隐私的，应当尽量维护；有表达自己不满的，应当尽量委婉。让学生学会得体措词，不写粗俗之言；学会合理建议，不作无端指责，这些指导并不违背真实的原则，而是让真人实事更具真色彩，更具真魅力。

总的说来，“真实”二字，当分而求之。“真”是求真，这是原则，当一以贯之；“实”则是事实，这是素材，可合理用之。而这二字的反面“假”与“虚”也需同样分而解之，“假”是人之弱点，当以力拒之；“虚”则是写作方法，可倡而导之。要知道，文章只有能够做到虚实相生，才会增添活力与光彩！

二、要个性，但忌忽视共性

人的发展，总是先有共性，才有个性。例如，三岁婴儿总是先学着走，再练着跑。人的教育，也应当首先重视共性，再发展个性。就小学作文教学而言，“写什么”更突出个性，“怎么写”更显共性。打个比方，写作文就像找米熬粥，“写什么”就如找米，“怎样写”就如熬粥，“找米”的过程各有不同，“熬粥”却是大同小异的。作文教学要重视“个性”的发展，而作文复习就得探寻“共性”之路。

就文字表达而言，无论文采如何、措词如何，总要先做到文从字顺才好，这就是课标的基本要求，也是作文的“共性”之一。就作文类别而言，无论哪类文体，总要有章有法、有条有理才好，这也是作文的“共性”。因而，在作文复习中，整理各类作文的“共性”——写作章法，无疑是提高中下学生表达水平的一条捷径。

以写人作文的复习为例。写一个人是怎样的人，这个人有怎样的品质、怎样的特点，这取决于在学生脑海中的这个人。这个人具有个性，学生的选材便有个性。

而共性呢？便是怎样把这个人有个性的内容写出来，这写的方法可以说是相对统一的。没有规矩，不成方圆，“作文可以不要规矩”是老师对学生说的一个美丽的谎言，真正到了学生作文交上来时，我们又不得不说作文应该如何如何，给了他们一套一套的规定。所以总复习的时候，该是打开天窗说亮话的时候，这些写作规则当讲则讲，讲点面结合，讲首尾照应，讲总起分述，让更多的学生有章可循，掌握基本的方法。我们关注全体的

时候，就是关注了共性。关注了共性，大家都能掌握写人的基本模式，想要创新，也才成为可能。于是，写人作文复习内容可以做如下梳理：

1. 写人作文的方法

(1) 肖像、语言、神态、行动、心理描写

(2) 细节描写

(3) 环境描写与景物描写衬托

(4) 正面描写与侧面描写结合

2. 写人作文模式

(1) 点面式（写单一特点）

《粗心的我》◎介绍自己的外貌◎点明自己的粗心◎具体写其中一次经历◎照应开头说缺点

(2) 并列式（两个及以上特点）

《我的忙妈妈》◎妈妈印象◎在家里◎在单位◎总结感受

(3) 递进式（两个及以上特点）

《他，好样的》◎他是“我”的同学◎他学习刻苦◎他帮助别人◎他值得我学习

(4) 转折式（两个特点，对立）

《说说我爸爸》◎简介爸爸◎爸爸手很巧◎爸爸太爱喝酒◎我喜欢爸爸。

除此之外，其他类作文如何抓住“共性”进行复习呢？我们不妨列举写景和状物作文的构篇方式：

（一）写景文章模式

段落	内容	意图
1	点明景点	让人知道你对景点的熟悉
2	整体描写景点	整体
3	详细写一处景点	部分
4	过渡句（段）	承上启下
5	再详写一处景点	部分
6	再略写其他景点	顾及整体，详略有致
7	结尾、写感受	点明中心，抒发感受

（二）状物文章模式（写静物）

段　落	内　　容	意　　图
1	点明来历	增强文章的真实性
2	写清外形（或内部）特点	突出“美”
3	写功能或用途	突出“好”
4	结尾	抒发对物品的感情

——写人作文总复习课教学实录

【设计意图】

小学毕业班作文复习要做到扎实有效，就必须能让学生把握各类习作的共性特点。写人记叙文的共性特点是什么？就是抓住人物的特点来写。人物特点包含各个方面：外貌特点、性格特点、爱好兴趣、品质特点等。如何抓住人物的特点来写？小学课本中的诸多文章为我们提供了很好的范例。因此，本课的复习思路是游戏激趣，趣中学写，语段品读，读中学写，病文修改，改中学写，然后让学生悟出写人作文的共性特点，从而达到举一反三、触类旁通的目标。

【教学目的】

总结写人作文的一些共性特点，激发学生的习作兴趣。通过复习练习使学生掌握写人的一技巧，学会合理选材，扣住中心，并能做到把意思写具体。

【教学过程】

、　　，

1. 根据漫画猜人物

师：同学们，让你们看几张相片，看你们是否能很快就能认出他是谁？（课件出示赵本山漫画）

生：赵本山。

（课件再出示潘长江、刘翔、科比等明星漫画）

（生很快猜出）

师：很奇怪，这些相片上的人物变形得很厉害，大家为什么还是一眼能认出他们来呢？

生：因为他们外貌中最明显的特点被夸张了，一看就知道是他。

师：说到要害了，漫画中最重要的是夸张，抓住最大的特点进行夸张。（板书：夸张）那么，如果不用相片，单用语言描述，同学们还有没有信心猜出人物来呢？

生：有信心。

2. 根据描述猜人物

师：好，那么请听描述——他紫色的圆脸，头戴一顶小毡帽，颈上套一个明晃晃的银项圈，这可见他的父亲十分爱他，怕他死去，所以在神佛面前许下愿心，用圈子将他套住了。

生：少年闰土。

师：他，长得很瘦弱，脸黑黑的，淡黄色的头发直披到闪闪发光的眼睛上。

生：小音乐家扬科。

师：他，快四十岁了，个儿挺高，背有点儿驼，四方脸，高颧骨，脸上布满皱纹，两鬓都斑白了。因为全连数他岁数大，对大家又特别亲，大伙都叫他“老班长”。

生：老班长。

师：为什么这样的描述也能让你准确地猜出人物？

生：因为这些人物的外貌很有特点，这些特点很容易让我们回想起来。

师：说得很好，的确这样，写人物外貌就该这样，无须面面俱到，抓住一点写具体。

3. 揭题

抓特点，写人物。

评析：游戏的过程不仅仅为了激趣，更是直入主题，揭示写人作文与夸张漫画之间的异曲同工。先有漫画，再有外貌描写的语段，为学生总结描写人物外貌的方法提供了范例，也为下面练习环节中的外貌描写指明了方向。

、　，

师：除了外貌特点，写人还应抓住哪些特点呢？说一说。

（根据学生发言板书：行动、神态、语言、心理）

1. 行动描写练习

师：请看下面的这段描写，请你选择合适的动词填入括号内。

（课件出示）

穿　找　拿　写　装　戴　蘸　披　折　跑　塞

凡卡（　　）好信纸，（　　）进信封里，又（　　）起笔来（　　）了墨水，（　　）上地址，就（　　）上帽子，连破棉袄都没（　　），只（　　）着衬衫，就（　　）到街上去，（　　）到了邮筒，把他那宝贵的信（　　）了进去。

（展示、分析、评价）

2. 综合练习

师：生活中，动作、语言、神态、心理等往往都交织在一起，所以描写的时候，多数情况都是把这些描写融合在一起。请读读下面这段文字，你能分辨出这里从哪些方面描写了渔夫和桑娜，写得好在哪里？

（课件出示）

“糟糕，真糟糕！什么也没有打到，还把网给撕破了。倒霉，真倒霉！天气可真厉害！我简直记不起几时有过这样的夜晚了，还谈得上什么打鱼！谢谢上帝，总算活着回来啦。……我不在，你在家里做些什么呢？”

渔夫说着，把网拖进屋里，坐在炉子旁边。

“我？”桑娜脸色发白，说，“我嘛……缝缝补补……风吼得这么凶，真叫人害怕。我可替你担心呢！”

生：这里面主要是语言描写，作者写出了渔夫的庆幸的心情，也写出了桑娜心中的担心与害怕。

生：“脸色发白”是神态描写，反映了桑娜内心的紧张。

生：“拖”“坐”是动作描写，写得非常准确。

评析：读写结合，用课文《凡卡》中的段落进行写法的提炼，把语言描写、神态描写、动作描写、心理描写这种抽象的习作技巧直观化，同时让学生分析这样的描写需要做到紧扣人物性格特点，反映人物内心思想，用词准确是第一，生动是第二。

、　　　，

1. 病文评价

师：请听老师读一篇学生作文，听仔细，然后要评价。

（师读学生作文）

粗心的我

我是六年级的一个学生。我的个子不高不矮，身体不胖不瘦，脸色不黑不白，眼睛不大不小，鼻子不高不低，嘴巴不宽不窄，耳朵不圆不长。

说起我的故事，最“著名”的就是粗心。

记得有一天早晨，我刚醒来。我一边吃馒头，一边在街上跑。我一看书桌上的闹钟，时间已经是7点30分了，我急死了。一路上几乎看不见其他同学了，我疑惑极了，难道今天只有我一人迟到吗？我饭都来不及吃了，抓起餐桌上一个馒头就冲出门外。我一问门房的大伯，才知道今天是星期六。到了学校门口一看，我呆住了，整个校园静悄悄的。

回到家里，妈妈听完我的经历，笑得上气不接下气，说：“真是个小糊涂神！”我又羞又愧，心想：啥时才能改掉我这个缺点呀！

2. 评价作文

师：听完了，往好的方面说，你怎样评价这篇文章。

生：有中心，作者能把自己粗心的特点写出来，还能通过具体的一件事来写。

生：有通过外貌、动作来写。

师：看来，写人物类的作文，这些要素必不可少。但是，作文中存在很多毛病，相信认真听的同学一定听出来了吧，谁来说？

生：外貌写得太简单了，都是“不什么不什么”。

师：是的，是词汇积累不丰富的原因造成的，不懂得用什么词来形容。

生：还有，写外貌的句子中，把每一个器官都写一遍，没必要，也不会突出特点。

师：好，第一个毛病找出来了，待会儿我们一起来解决。谁还有其他发现？

生：只写了一件事，并不能说明自己平时就很粗心呀！

师：对极了，这叫以偏概全，只有“点”的描写，缺乏“面”的叙述。

生：听起来，作者写的这件事有点乱，好像顺序不太对。

师：听得很认真，待会儿老师会把这段话拿出来让大家看，确实是这样。能发现别人的缺点，自己就要尽量避免，希望同学们能做到。

、 ，

1. 练习外貌描写

师：同学们都看过自己的相片吗？有没有发现自己外貌上最突出的特点？

生：有。

师：好，把刚才那位同学的描写改一改，就写你们自己的外貌，用一两句话，马上写，能行吗？

（生动笔写作2分钟）

师：谁愿意来交流一下自己的外貌描写？

生：我对自己的长相还是挺满意的，头发够黑，眼睛够大，唯一遗憾的是，鼻孔有点大，显得难看，也许是患了鼻炎的缘故吧！不过妈妈说，鼻孔大，说明不小气，这样一说，我又不恼了。

师：谁来说说，这样的外貌描写好吗？好在哪里？

生：抓住鼻子写具体，写得很传神，他的样子就是这样，很搞笑。

师：看来，他抓住了自己外貌上最突出的特点，就是这样写。好，谁再来？

（略）

2. 练习写总起分述式段落

师：刚才的那篇文章里，点明了中心，却只用了一件事来写，看来不够，如果能够简洁地再举几个例子说一说，就很能表现“粗心”的特点了。我们来试试？

（课件出示）

说起我的故事，最“著名”的要数粗心了。________________；________________；________________。

师：根据这个总起句，再举三个例子说明一下，最好是写自己经常这样做的，口头来说说。

生：上学的时候，我不是忘了戴红领巾，就是忘了带文具。

生：打电话给爸爸的时候，我总会把电话号码按错。

生：每次数学考试，我都会因为抄错数字而不能得满分。

师：说得好，如果写自己贯有的特点，用上“常常”“总是”“都”等词，表达效果就出来了。

3. 练习有序表达

师：记得刚才有位同学说那位小作者写事时有点乱，还真是这样的，你们看——

（出示病文第三段，按句排列）

（　　）记得有一天早晨，我刚醒来。

（　　）我一边吃馒头，一边在街上跑。

（　　）我一看书桌上的闹钟，时间已经是7点30分了，我急死了。

（　　）一路上几乎看不见其他同学了，我疑惑极了，难道今天就只有我一个人迟到吗？

（　　）我饭都来不及吃了，抓起餐桌上一个馒头就冲出门外。

（　　）我一问门房的大伯，才知道今天是星期六。

（　　）到了学校门口一看，我愣住了，整个校园静悄悄的。

师：这些句子的顺序明显不对，请你们认真读一读，看看能不能帮他一下，把顺序理清楚。

师：你是怎样判断语句之间的顺序的？说说自己的根据。

生：这段话最主要的顺序是地点顺序，先讲了在“家中”，然后讲“路上”，最后讲“校门口”，因此整理顺序不难。

师：（根据生发言板书）家中——路上——校门口

评析：结合病文进行边修改边练习写段，让学生明白语言文字表达需要做到规范有序、详略有致。病文中出现的问题正是平常学生习作中出现的问题，在复习课中用这样的方式让全体学生参与评价、修改、交流，对提高学生的表达能力是非常有效的。

、　　，

1. 确定层次

师：同学们刚刚按地点变化的顺序为这段话改了第一个毛病——顺序混乱。但是，这每一层意思，作者写得并不具体，只是用叙述的方式一笔带过，如何才能把这个过程写具体呢？

生：就是把自己在这个过程中的动作、神态、语言、心理活动写清楚。

生：可以写一写路上行人的语言。

生：重点写自己的动作和心理。

师：看来同学们明白了怎样写具体。这样，课堂时间有限，请同学们各个选择一个层次来帮这位同学写具体。结合你平时迟到的景象来想象一下，文中的“我”是怎样表现的。

2. 分组练写

师：老师给同学们一个提示，无论选择哪个层次，都必须围绕一个中心意思来写，这样就容易写清楚，比如：

第一个层次，抓住一“急”写具体。

第二个层次，抓住一“疑”写具体。

第三个层次，抓住一“愣”写具体。

师：就写其中的一个层次，用上一小段话即可，有信心完成好吗？

生：有。

（生练习，师巡视指导）

评析：如何写具体，这是学生作文中最普遍的问题。如何引导学生写具体，平常的作文课有做过这样的训练，在复习课中也一样要作为一个重点来处理。此处把一个病段设计为三个层次，让学生分别抓住三个层次的核心意思来写具体，出门时“急”，在路上“疑”，到校后“愣”，学生如果能把这三个中心词进行有效扩写，就是达到具体描写的要求了。

、　　，

1. 展示、点评

师：按这三个层次，老师分别请三位同学来读读自己的习作片段，同学们一起来评评，好吗？

（生读作文，师生同评，略）

2. 总结收获

师：作文是一门艺术，要写出自己的真情实感。作文也是一门科学，是有规律可循的。写人作文就是这样，围绕这节课的练习，可以总结出以下歌诀，同学们试着读一读，理解其中讲到的几点。

（课件出示）

写人文章并不难，抓住特点是关键。选择事例一二三，典型新颖考虑全。

描写方法有五个，交叉运用文章鲜。运用细节不呆板，突出中心记心间。

横纵对比形象现，不宜用时勿生搬。以上几点全做到，写人文章一定棒。

（布置一篇作文进行课外练习）

评析：悟出共性，总结规律，是学生触类旁通的基础。虽然作文没有“公式”可言，但规律和法则是客观存在的，此处的写作顺口溜也是给学生提供了一个参照物，让学生在写作时能够有章可循。

三、要想象，但忌忽视合理

“不怕做不到，就怕想不到。”

“学生只要敢于想象，大胆想象，而无需‘合理’想象。”

这是当前大部分教师对于想象的理解。

某刊上有一篇文章《质疑“想象合理”》（以下简称《质疑》）。作者就贾志敏老师在课堂上指导学生作文时提到的“要发挥合理的想象”发起质疑，以《语文教学大纲》《语文课程标准》（以下简称《大纲》《标准》）和语文教材为根据，对“想象合理”进行批判。其对“想象合理”之反感也是当前语文教师普遍存在的心理，认为如今新课程既然倡导学生创新思维能力的发展，就不应给学生过多的限制与束缚。这“合理”二字便是属于“条条框框”之列，该“严打”。真该如此吗？我看未必。

首先，《大纲》和《标准》中没提“合理”，就无需“合理”吗？显然不对。在教育教学中，《标准》并非唯一的“标准”，也并非完美的“标准”。将之奉为“圣经”，唯《标准》是真理的想法，无疑是僵化而守旧的思维模式。再说，学习《大纲》《标准》也不能浮于浅表、只看字面、断章取义。的确，《大纲》《标准》和教材中是未直接提及“合理”二字，但我们深入去阅读研究，就不难发现“合理”的要求已然被包含其中了。《大纲》中谈到：“……展开想象。要能够从实在的事物出发适当展开想象，使作文内容更丰富些。”其中“从实在的事物出发”“适当展开想象”何尝不正在提示想象需要符合“事理”呢?《标准》中第二学段的目标要求也提到“能不拘形式地写下见闻、感受和想象”“注意表现自己觉得新奇有趣或印象最深刻、最受感动的内容”，还要“内容具体、感情真实”等。这是在要求学生无论在写实或想象中都需注意合乎“情理”。再者，《标准》中关于习作“文从字顺地表达出来”的要求也在提示着想象的过程应如表达一样，需要具备一定的“条理”；三维目标中“情感、态度价值观”在想象习作训练中同样重要，因此想象还需合乎人类世界中共存的“伦理”。

事理、情理、条理、伦理，哪一样是“想象”所能撇开的呢?这是否能够回答《质疑》一文中“想象能‘合理’，想象要‘合’什么‘理’”的问题了呢?

其次，教学实践中存在的学生“随意想象”，要求我们要指导“合理想象”。所谓“随意想象”是指学生在想象中的无序、无理性。心理学实践表明，在学生的心灵世界中，有各种各样的念头在萌生。在这个阶段，其想象是失控状的，表现为空想的大有存在，此时若不及时加以指导矫正，必然会出现一些“大胆想象”所带来的尴尬。从下面的几个片段去看，我们就不难发现想象不能一味追求“自由”，抛弃“合理”。

片段一：《十五年后的我》

十五年后的那年夏天，我已经成为一名运动员。站在奥运会赛场的跑道上，我拿出一块口香糖放进嘴里嚼着。别小看这么一块口香糖，这可是高科技产品，吃下它，身体犹如吃了兴奋剂一般强壮无比，却在兴奋剂检查中丝毫不露痕迹……

“呼——”发令枪响了，我奋力向前冲。无奈我的实力太差，虽吃了兴奋型口香糖，却始终无法超越跑在我前面的几名运动员。在冲刺阶段，我灵机一动，用我的“电眼”(我的眼睛经过改进能绊倒他人)一射，前面的队员都摔倒了，我冲了上去……鲜花和掌声包围了我。

先不说这里存在的价值观的问题，单看这神奇的“兴奋型口香糖”和“电眼”在这日趋进步的“魔高一尺，道高一丈”的社会中能这么顺利得逞吗?这种既不合公平竞争之“公理”，又不合常规逻辑之“事理”的想象也是新课程理念所倡导的吗?

片段二：《蚂蚁世界》

百余年后，蚂蚁成了这世界的主宰，它们个个“人高马大”，身材已长到两米多长、一米多高。它们的食物不再是小虫，而是人类。人类正在灭绝、退化，有的慢慢变回类人猿，变为鸟类、鱼类，甚至成了无人问津的草履虫……

这种想象可谓大胆神奇，敢与达尔文的进化论挑战，敢于预示人类灭亡的前景。可它合理吗？失去了健康向上的心境和对美好生活的理想的想象，我们能无视其存在吗？我们能放任其自流吗？如此看来，只有“大胆”想象，不提“合理”要求，必然会导致作文教学与育人初衷背道而驰。

事实上，从人的整个发展过程来看，想象的训练更多的是为思维能力的发展服务的，我们不能关注了想象力、创新力的发展，却忽略了逻辑性和条理性的培养；我们在倡导自主发展、自由想象的同时，也不必剔净一些“合理”的限制，更不必避“合理”唯恐不及。

师：这是你的想象，也非常精彩！同学们，我们通过（指板书）细致入微的观察，感受了精彩，通过自己的想象创造了精彩！（板书：感受　创造）其实呀，我们看一幅漫画不仅仅要去想此刻正在发生什么，还可以想此前曾经发生了什么，他为什么要这样做呢？此后又继续会发生什么？这样漫画的意思就丰富了，是不是？所以我们要学会想象，要做到瞻前顾后。（师板书：瞻前顾后）什么是“瞻前顾后”呢？

（出示投片文字）

此前，曾发生过什么？此时，正发生着什么？此后，会发生些什么？

师：就是往前想，有可能发生过什么？他才会这样做。再往后想，还会发生些什么？这就是“瞻前顾后”。这样去想的话，漫画就被我们创造得更加精彩了！好，接下来我们就用这样的方法继续去想另外的漫画。

（《疤头汤尼》看图作文课，执教：张祖庆）

从张老师执教的片段中可以看到，想象不是漫无边际的。要想象精彩，就需要能够“瞻前顾后”，往前想，往后想。而往前想，又何尝不是在寻找想象的合理点呢？事实证明，有了合理，想象才会更精彩。

新课程改革开展以来，想象作文便成了作文教学中的宠儿，自由的思维，奇妙的想象，成为一道亮丽的风景。教材中安排的专题训练，如“未来的______”“20 年后的______”“假如我会克隆”等，学生也是情有独钟，一听是写想象作文，便乐不可支。于是，老师也投其所好，特别重视想象作文。然而，这种热度经过一段时间之后，就不可避免地暴露出一些弊端，不得不需要我们冷静地思考一下。

从学生写想象作文的过程与结果来看，目前的想象类作文至少存在以下问题：

胡思乱想，无理无序

想象作文，讲究的就是奇思妙想。它不仅需要习作者所表达的内容奇妙，还要求表达的方式独特。然而不管是教师还是学生，往往都把想象看错了，认为《语文课程标准》中说的“习题不束缚学生的思维”就是让学生“想写什么就写什么”“怎么想就怎么写”，而这样做的结果是学生走入“胡思乱想”的境地。

先说“想写什么就写什么”，这是就写作内容而言的。这句话无疑告诉学生，他们可以无约束、无限制地表达自己的内心愿望和想法，即使想法不对也无罪。真是这样吗？未必。

且看一学生在《假如我会克隆》一文中写道：

……

这个克隆的我溜回家，把从银行里抢来的钱交给了我，然后去公安局自首，说钱已经被全花光了，然后代我去坐牢，并被判处死刑。最终那个克隆的我消失了，而我，却在享受着高科技带来的幸福生活。

……

学生的想象可谓离奇，可谓真实，学生就是把自己内心的最大愿望真实地表达出来了。老师如果说这样的做法是不对的，学生会说这只是想象作文，纯属虚构。

这虽然是典型的例子，但在学生的作文中，像这样离谱的现象还是比较普遍的。这种想象中暴露出的道德缺失、伦理沦散、法律意识淡泊是不容忽视的。从语文教育的三维目标来看，这样的作文训练就没完成好“情感、态度、价值观”这一维度的目标。

再看“想怎么写就怎么写”，这是就表达方式而言的。心理学研究表明，思维在脑中成像的过程首先是无序的，只有经过加工整理，用言语表达出来，才能成为一个有序而浑然的形象。学生的想象纵然是“合理”的，但蕴藏在脑海中的时候，大多还是表现为“混乱”的。如果让学生怎么想就怎么写，岂不是说无须加工能力，“乱”想就“乱”写，杂乱无章也行，东一榔头西一棒子也可？当然不是。

千篇一律，不新不奇

为什么要倡导写想象作文？最大的目的就是培养学生的创造性思维，让学生在异想天开中学会创新。然而，小学生的年龄特点导致大多时候他们的“创新”都停留在模仿阶段——《20年后的同学会》总是“惊喜不断”“返老还童”“功成名就”；《未来的汽车》总是水陆空三栖，自由缩放；《假如我会克隆》总是克隆地球、克隆濒危生物，从而“造福人类”……虽然偶尔有学生突破这种局限，但毕竟只是很少的一部分。说实话，单凭学生的生活阅历及阅读见闻，也确实很难创新，只能在他人的范文中找一个模子，然后依葫芦画瓢。而这样的作文导致的结果就是，教师批改的又是新的一批千人一面的所谓“创新”作文，索然无味不说，学生的作文又有何意义呢？

深入分析以上两个方面的问题，我们不难发现，导致这种结果的原因主要在于：（1）教师的指导作用没有发挥好。“想写什么就写什么”“想怎么写就怎么写”这两句话就把“写什么”和“怎么写”给说完全了，如此的指导几乎等于“零指导”，这是“放”得过分、指导不力的一种情况。而另一种情况就是“扶”得太死，总是忘不了提供一两篇范文让学生参考，结果表明，学生的思维不但没有受到启发，反而让学生的思维形成定势，再难创新出奇。（2）教材的安排和编写也存在问题。比如“未来的______”与“20年后的______”这两个主题就存在雷同的部分。还有，这种半命题式的作文题也不适合想象类作文训练。

想要解决这些问题，关键在于教师要在作文指导前、指导时下功夫。在作文指导前，对于想象的范围如何启发、如何引导，教师应当有一个成熟的方案，收集足够的资料。在指导写法方面，教师也要善于引导学生进行创新。只有让学生的想象作文走出“模仿”的误区，写出自己独特的、新奇的、健康的想象，才能让想象作文训练完成自己的使命。

习作展示

三颗魔法石

六年级　吴晨宇

清晨，风铃在摇晃着，打着有规律的节奏，把我从梦中拉了出来。我揉了揉睡意蒙眬的眼睛，隐约看见风铃正散发出彩色的光。难道是错觉？我走到风铃前定睛一看，居然看到三颗像QQ糖的怪东西躲在风铃里头：一颗是紫色的，软绵绵的，呈椭圆形；一颗是黄色的；还有一颗是红色的。

我纳闷地把他们取了下来。其中一颗竟说话了；“哎，我们不是QQ糖，你可别把我们给吃了哦！”“你怎么知道我在想什么？”我小心翼翼地说。“哼，不懂了吧？你们地球人咋一点儿知识也没有啊?！我，堂堂的黄色魔法石，小名小黄。他，她，分别是小红和小紫。”“oh，my god！我不是在做梦吧？”我使劲掐了掐小黄。“哎，你干啥呀?！梦里哪有我们这么漂亮的魔法石！”小黄从我的手里挣脱了出来，“不过，你现在是我们的主人了。我身为队长，着重介绍一下，我的魔法是‘心理专家’，小红是‘时间倒流’，小紫是‘设计师’。”

“噢，太棒了！我们出发吧！”

“去哪？”

“学校。”

开始上课了，我偷偷地从口袋里取出小黄：“你在每个人的头上弄一个小气泡，好让我看清他们在想什么。”“遵命！”随后，一道黄光闪过，每个不专心的人头上都有一个气泡。我看了看淘气包的头上有什么。呀，一张100分的数学卷子。呵，没想到他还挺爱学习的。不过开小差还是不行哦！我看了看前桌的气泡：红烧肉，汉堡，鸡腿，牛排……呀，怎么全都是吃的！我又瞄了一眼我们班学习成绩最好的人，也有气泡：看电视，玩电脑，做作业，吃午饭……怎么乱七八糟的？我看了看老师头上的气泡：发工资！汗，还是欧元的！

第二节是数学考试，我再次命令小黄给我提供信息参考参考。也不知道她从哪弄来的，应该是正确的答案吧，我按其一字不漏地写了下来。“不

对，选择题怎么这么有规律：ABCDE。”我十分纳闷，管他的，是对的就行了。我胸有成竹地交了上去。回到了座位，我对小黄说：“你是从哪儿提供给我的?”小黄说：“好像是第四组最后一桌的那个男的。”“啊，全班学习最差的一个！我说怎么不对劲呢。小红，上!”时间倒流，一道红色的极光闪过。我自己做好试卷，检查了一番，便上交了。

铃铃铃……放学了。“明天是星期六该干什么呢?”我挠了挠头，“对了，小紫，你不是设计师吗？咱明天开个衣服店。”“赞成。”小紫跃跃欲试。

次日，第一个客人来到店里。“欢迎光临。”小紫摇身变成了一个少女，客人定的是一件裙子。小紫想了片刻，尔后，她从脑门一拉，一件乳白色的连衣裙出现在我的眼前。“神了！小紫，告诉我秘诀是什么吧!”“很难的哦！首先，尺寸要想得合理，不能太大或太小。质感、温度、光泽和亮度都想得越生动越好。还有裙子转起来的各个角度的样子……最后，再迅速地从脑门里取出来即可。”“啊，这么难！还是算了吧。”

一个愉快的星期六过完了。我将三颗魔法石放进口袋，满载而归。

四、要文采，但忌过于文学

小学生作文需要文采吗？答案是肯定的。

杜甫的“语不惊人死不休”使得他的诗歌流传百世而不衰。

如果只有好的立意而无好的语言，“有意无辞，锦袄子上披蓑衣也”(吴乔《围炉诗话》)。

但是，正因为对文采的一些追求，导致了我们小学作文教学中出现了一些新“问题”。先来说说“好词好句”。

（一）好词好句——让人欢喜让人忧

众多学生、家长甚至老师总想寻找一条作文之捷径，这份愿望固然无可厚非，但由此滋生出来的种种“作文公式”登上大雅之堂便有点匪夷所思了。浏览一下周围的书店，什么《教你30作文招》《好词好句精品库》之类的读物有如雨后春笋般铺天盖地而来，最终装入学生的书包里。学生习作时往往从这些工具书中套一个“格式”，加上一些“好词好句”，一篇作文便新鲜“出炉”了，这实属作文之误区。

先不谈习作“招法”之是非，且说好词好句吧！它的出现是给我们带来了某些惊喜：许多学生的作文中常常冒出一些堪称精妙之辞藻，问其故，《好词好句精品库》使然也；但更有学生在不恰当之处用上所谓的好词好句，不伦不类，究其因，好词好句惹的“祸”。所有这些现象，不得不让我们喜忧参半。作为教师，我们该以何种眼光去看待它呢？

1. **好词好句，好在哪？**

客观来讲，好词好句确有其值得肯定之处，学生的书包内装些好词好句之类的读物也并非过错，毕竟它对学生的写作是有帮助的。即便对提高写作水平的效果不是很明显，但至少对学生的阅读积累、丰富语汇、文化熏陶等方面均有着积极的促进意义。

（1）丰富积累

所谓“厚积而薄发”。不可想象，没有丰富的语言积累的学生，其语文素养能提高到一个怎样的层次。“厚积”，在语文学习中不外乎指丰富的阅读积累；而“发”，除了写作表达以外，还应是人们语文素养和综合素养的外在体现。可见，积累的意义非同一般，而积累的规律正是从词到句、从句到段、从段到篇。从这点来说，好词好句的积累是符合思维训练规律的。再说，学生为什么乐于去选择这类书刊而不去背《汉语成语词典》之类的工具书呢？其原因就在于，这些读物大多对词语或句子加以归类，比如：

▲描写鼻子

狮子鼻　酒糟鼻　蒜头鼻　鹰钩鼻　秤砣鼻　朝天鼻　悬胆鼻

……

▲描写愤怒

面有愠色　勃然大怒　怒目圆睁　怒气冲天　恼羞成怒　暴跳如雷

七窍生烟　横眉怒目　大发雷霆　义愤填膺　气势汹汹　余怒未消

……

诸如此类，将词语按五官、体态及欢喜、惊惧、愧疚等方面归类积累的方式在我们的教材中也并不鲜见。如人教版小学语文六年级上册的“积累·运用”中把“东奔西跑、南辕北辙、左思右想、上蹿下跳、前因后果”等含有相对方位的词语归类，把“欢天喜地、大公无私、去粗取精、弃旧图新”等含有反义词的成语归类。可以看出，学生乐于接受这样的积累方式。从这点上说，“好词好句”有其积极意义。

(2) 引导运用

从这些读物的编排来看，好词、好句与好段是结合在一起的。比如，在外貌描写的训练中，把描写眼睛的词语归类在一块儿，同时把这些好词出现在好句中，再把好句运用在好段中，形成一个系统。这样的一个小系统体现了循序渐进、逐层深入的思想，较为符合语言运用学的规律，从词素到词汇，再到单句、句群，算是积极有序的引导。可以说，如果能用好它，对提高学生的语言表达基础也是颇有益处的。

(3) 语言熏陶

语文科的性质不仅仅是工具性，还有另一个重要的方面，那就是人文熏陶。面对这些《大全》《精品》，如果只将其当作是一种工具书，其价值必然更为肤浅。我想，这些读物的更大价值应该体现为一种语言熏陶，虽然与其他文学读物相比，其人文价值并不显著，但“好句、好段”中不乏经典之作，在思想内涵上也基本上以积极向上的面貌示众，其中还有不少遴选于优秀课文的章节、片段。例如：

“杨科已经进了食具间，他每走一步都非常小心，但恐惧愈来愈紧地抓住了他。在草堆后面，他像在自己家里一样自在，可是在这儿，他觉得自己好像是闯进了笼子的小动物。夜静得可怕，月光偏偏照在杨科的身上。杨科跪在小提琴面前，抬起头，望着心爱的小提琴。”(选自《小音乐家杨科》)

显然，这样的句子、片段若被学生工具式地运用于自己的习作中，必然不妥，但作为一个语言材料去体会、理解、感悟，倒是既能深刻地感受杨科内心的恐惧及其悲惨命运，又能对其中精当入里的心理描写和一些比喻写法有所领悟，一举两得。

2. 好词好句，真“好”吗？

肯定了好词好句的积极作用，也更应该看清其消极影响。举个例子来说，一位老师在他的文章中提到，他在班级中曾赞扬某一学生描写“叶子”

时用上“青翠欲滴”来形容其颜色，堪称好词。令他意想不到的是，第二次习作交上来，居然有大半学生都用上了“青翠欲滴”，甚至还有学生这样写：“我坐在青翠欲滴的桌子前，拿出青翠欲滴的笔，写起了青翠欲滴的字……”在一次写人的习作中，我对一篇习作《妹妹的眼睛会“下雨”》大加赞赏，并说这样的题目和幽默表达实属上乘。不料下一单元作文收上来，全班三分之一的同学都学会“下雨”，令我哭笑不得。评讲作文时，我不得不再次讲述“天才、庸才、蠢材”的故事，并幽了他们一默：“同样是‘下雨’，上次的同学下的可是‘金豆豆’，而你们呀，下的是自来水……”学生虽然哄堂大笑，但我知道，学生们对“好词好句”的崇拜绝不会因此罢休。

可见，好词好句在某种时候，并不能真正体现其“好”，反而事与愿违，直至产生负面效应。究其原因，不外乎三种：

（1）忽视语境

连最起码的词语性质、类别、意义尚未明朗，学生便在自己的习作中大肆使用，必然笑话百出。诸如前面所提到的“青翠欲滴”，如果学生明白了“青翠欲滴”只能在形容“浓绿的颜色”“有活力的绿”的语境中使用，那么，即便是模仿了他人，也不过混个“庸才”之“恶名”，而忽视了具体语境，对好词好句一味地顶礼膜拜，必然造成连“课桌、笔、字”都能“青翠欲滴”的笑料之作。因此，教师在评点学生作文时，必须慎提好词好句，至少应结合具体的语境来分析其“好”之所在，避免学生将老师评之为“好”的词句当成“秘密武器”长期供奉。

（2）忽视情感

把习作看成是好词好句的堆砌体而全然不顾自己的真情实感，这是存在于许多学生习作中的一种现象。曾有一个学生对我说：“老师，我有全套的作文招法。”听得我如云里雾里。原来，她说的是她家里那《作文开头十八法》《习作结尾秘诀》《段落结构 30 招》以及《好词好句精品库》一整套读物。每次习作，她便这样“组装”作文，屡试不爽，颇为得意。我们知道，过去老师们进行作文教学也多有这样的倾向，但今天的教师们绝不能再次陷入这样的窠臼。在新课程理念下，学生此举应属无知，教师若也如此，则属无为。《语文课程标准》指出：“……要求学生说真话、实话、心里话，不说假话、空话、套话。”试想，一篇没有自己真情实感而只有好词好句造就的习作，如何不是空话、假话、套话，其生命力何在？

仅以此看，好词好句，是为祸也！

（3）忽视生活

表达源于生活需要，习作素材也应取之于生活实际。能把生活中的一人一事一景文从字顺地表达出来，其中的哪个词句都可能是好词好句。“绿”字多么平凡，可在王安石的“春风又绿江南岸”中，它绝对是好词。为什么？这是因为它尊重了生活感受、实际见识，加上其良好的语言感悟力使然。

我回忆起自己的小学生涯曾经写过的一篇习作，写到自己农村常见的地衣植物的情况，并不会刻意炼字的我只是根据自己的生活观察写下了“毛茸茸的地衣贴着地面伸展着”的句子。没想到老师在“贴”字下加了一个点，还在旁边用红笔写了个“好”字，课堂上老师还不吝赞扬之词，说“贴”字用得真是贴切。那一次，我才真正感受到，真实地记录生活见闻，是最佳的习作技巧。可以断言，像“绿”“贴”这样的好词，是任何《精品》和《大全》中所无法查到的。看来，所谓好词好句，离开生活便好不了，反之，再平凡普通的词，在描写特定的生活情境中却能妙笔生花。

好词好句本身并无所谓好与不好，关键在于运用得是否妥帖自然、恰如其分。忽视了语境、情感和生活中的任一方面，都是忽略了词句的运用规律。我们应该明白地告诉学生，好与不好，取决于会不会“用”。

以辩证的观点看事物，才是客观真切的，看好词好句也不例外。优和劣，喜和忧，都不过是事物的不同方面，也是可以互相转化的，但愿我们的教师和学生在面对好词好句时均能正确合理地对待，发挥其最佳效果，克服其消极影响，最终服务于表达能力的提高。

（二）文学化——爱上你是我的错？

当前，许多语文老师和作文刊物都在作文导向上存在文学化倾向。所谓文学化倾向，就是把小学生的作文看成是文学创作的流派。有很多老师在谈这个文学化问题，他们认为小学生作文就是“文学创作”，或者说是

“文学创作的初级阶段”，因而大力倡导以文学创作的方式去鼓励学生写作，还美其名曰文学化的作文给了学生自由的天空。之所以有这样的认识，那也许是因为《语文课程标准》中有谈到：“……鼓励自由表达和有创意的表达……”为了追求“创意”，老师和学生们便费尽心思标新立异，于是鼓励学生写诗的、写散文的，不胜枚举，文学化倾向便应运而生。

对于小学生作文属于或大致属于文学创作范畴的观点，我基本能认同，但绝不苟同那种以文学创作化的方式指导学生习作的行为。如果有人认为文学创作比小学生习作更自由、比小学生习作更有乐趣的话，我想，他一定是忽略或误解了文学创作的章法理论，抑或是没有认识到小学生作文的天空有多宽广。要知道，文学创作有着非常具体的技法理论，需要作者具有不同常人的天赋和学识。对于学生，这种文学化的东西就足以把他们吓倒。而小学生作文是什么？课标中说：让学生懂得“习作是为了自我表达和与人交流”“能不拘形式地写下见闻、感受和想象”。这才是自由，这才是乐趣，是符合学生的需要的。

事实上，文学创作与学生习作本身就存在天壤之别。文学创作有章可循，必须循规蹈矩，而学生习作写自己心里想说的话，对于语言要多美，用成语多少，戏剧性要多强，课标中没有说明，更没有规定。我想即便是文学创作，那也应该杜绝华丽浮躁的辞藻，推崇大巧若朴的语言表达方式。诗人杜牧说过：“是以意全胜者，辞愈朴而文愈高，意不胜者，辞愈华而文愈鄙，是意能遣辞，辞不能成意，大抵为文之旨如此。”

想必大家能领会句中之意。这个“意”可以理解为“思想内容”。“辞”则指的是辞章采句。那么就是说，有了思想内容，越是朴素的语言，文章的韵味就越足，而缺乏思想内容，越是华丽的语言，越显得粗俗。有了思想内容，遣词造句自然而成，而堆砌华丽辞藻却未必能成为一篇好文章，就是这个理。

由此看来，文学创作不属于所有的人，也不属于所有的学生，“鼓励有创意的表达”不是一个硬性任务。所以，“新”作文，不是推翻过去的所有，而是发扬与传承。如果为了全体学生考虑，那么，就不应该让作文“文学化”。

培养学生的兴趣不是一朝一夕的，而兴趣的失去也许就是老师思想或行为中存在一个小小的误区。小学语文老师必须正确理解《语文课程标准》，深入领会新课程理念，把小学作文教学引入正确、高效的轨道。只有这样，才能走出误区，才能提高学生习作兴趣，培养学生习作能力，为全面提高学生的语文素养奠定基础。

改写《村居》

六年级　胡叶雯

瞧，春来了！天空中布满了淡淡的薄雾，我的眼前是一片清新而又自然的绿，生机已然遍布我身边的每一个角落。

晶莹的露珠落在了草堆里。那拥有孩子般气息的小草儿伸着懒腰，天真地摇摆着身躯，望着远方哈哈傻笑，似乎在庆幸着寒冬过后，一个新的春天又到来了。抬头看，那可爱的黄莺显得十分悠闲，站在松树和柏树上，哼着小曲儿，欣赏那一幅万物生长的迷人春景。

春风拂面，翠绿的杨柳姑娘在春风中轻轻地甩摆着她那秀丽的长发。春天的烟雾散发出阵阵幽远的香味，温柔可人的杨柳姑娘早已陶醉在其中了。

快听，山坡上传来了孩子们欢乐的笑声。走，上去瞧瞧吧。哦，明白了，是一群放学早归的孩子们，见此等好天气，来到了草地上，来到了小河边，放起他们心爱的风筝。他们手握线轴，抻线，奔跑，喝彩……看啊，风筝飞起来了！五彩斑斓的风筝乘着东风越飞越高，越飞越远，直至飞进了薄薄的雾层中。

天空中，美丽的风筝随风而飘，尽情展翅；田野里，天真的儿童肆意狂奔，尽情欢乐。走过寒冬，走出喧嚣的我不禁满腹春意，随口吟唱：

草长莺飞二月天，
拂堤杨柳醉春烟。
儿童散学归来早，
忙趁东风放纸鸢。

五、要遵循，但忌过于守旧

（一）实用化倾向

实用化倾向忽视了语文的课程性质，是一种观念上的误区。

作文为了啥？恐怕大多数教师可以不假思索地说，作文教学为了考试。这是一种典型的“实用化倾向”观念型误区。究竟为什么会产生这种误区，我们还得追根溯源。在中国的科举历史上，作文之于考试，其重要性不言而喻。秀才举子都是以论诗作文为“主修课”，寒窗十年，一篇文章定终身，考中状元、进士之后，也只是增加一道“面试”（殿试）而已。即便是现代，作文也是语文学习的重中之重，小学时考，中考时要考，高考时更要考，所以人们认为，学作文是为了考试，当然是颠扑不破的真理了。家长心中这么想，学生心中也这么想。那么老师呢？受新课程理念的影响，很多老师心中可能不这么想，却都这么在做。因为，在用试卷考学生的同时，也是在考老师，为了立于不败之地，老师们总想找到一条学了作文就能考试的捷径。

那么，实用化是如何表现的呢？大多数老师都在摸索着一些规律，比如考试作文的范畴离不开写人、写事等几种类型，那么只要让学生掌握为数不多的几篇作文即可，每种类型各一篇，然后以万能作文的方式套尽天下题目。例如，有一篇这样的文章：“奶奶岁数大了，但还不服老，学起电脑来。我看奶奶有劲头，便当了她的‘老师’，奶奶不开窍，我着急泄气。最终奶奶学会了。”请看，这样的文章，既可以写《我的____________》，又可以写《__________的一件事》，还可以写《我真__________》《我成功了》等。

可以说，实用化倾向是一种完全忽视语文课程性质的行为。语文课程性质是什么？工具性与人文性的统一。《语文课程标准》中关于作文教学有这样的表述：“写作是运用语言文字进行表达和交流的重要方式，是认识世界、认识自我、进行创造性表述的过程。写作能力是语文素养的综合体

现。”其中的“重要方式”就是一种工具性的体现，它说明作文是为学生的表达和与人的交流服务的，就这个意义上说，实用派连工具性都够不着。而“认识世界，认识自我”则是作文人文性的体现，也就是说，作文的根本是离不开生活的，作文与做人也是关系密切的。林语堂就曾经说：“文字不好无妨，人不可不做好。”由此可知，人文性缺失，就有如作文失去灵魂。给学生几篇万能作文，还怎么谈得上塑造学生的人格、培养学生的品质呢？自然，学生也就无法从中体味到什么乐趣了。

（二）技巧化倾向

技巧化倾向偏离三维目标的行径，是一种操作上的误区。

什么是技巧？技巧就是专门传授作文的技法。可以说，这在作文教学中是比较“流行”的。老师们或许都认为作文教学必须传之以道、授之以法，于是在作文教学中大谈如何谋篇布局，如何首尾照应，甚至如何起承转合。

以一个作文教学设计为例：

教学内容：围绕中心句写具体（三年级）

教学过程：

一、课前交流

二、倾听与思考，找准中心句

老师念，学生逐段找中心句。

三、渗透写段方法

1. 这三段话有什么共同点？（围绕中心句把内容写具体）

2. 课件出示三段话，提示：注意中心句的位置。（前、后、中）

3. 引导发现并渗透围绕中心句组句成段的方法。（板书：并列、连续、递进）

师：这些是“围绕中心句把内容写具体”的方法。

四、句子练习

1. （板书：天气热。再变成：天气真热呀！）

比较句子，有感情朗读。

2. 请你说一句话，表现“天气真热呀”，但不能出现“热”字。

3. 学生发言，师归类板书。

4. 学生任选一方面内容练写句子。

5. 全班交流。

五、组句成段

1. 要围绕中心句把一段话写具体，可以参考以下的格式，内容可以写一方面，方法自由选择。（并列、连续、递进）

2. 学生练习。

3. 交流。

六、小结、延伸

可以看出，这份设计中技法含量很高：出示范例让学生学，然后总结，再迁移，练习写。而且我们还可以看出，这里的写法很专业，什么并列、递进、连续等。

从新课程的三维目标来看，这种类型的作文课几乎全是以“过程、方法”目标为主的，“知识、能力”目标擦边，至于“情感、态度和价值观”目标，更少涉及。按理说，舍弃两个目标，重点攻一个目标，效果一定不错，但我在观摩中发现，教学效果却未必如此。首先，学生找中心句都成困难。其次，“总分”“分总”的结构学生也不甚理解，更别说什么“并列”“递进”等词汇了，要知道，这只是三年级的学生。于是，老师在上课时只能改变预设，不仅“并列、递进”等一些专业术语不讲，而且也把“天气真热”的练习改为叙述一幅图。

这样的倾向显然会给学生习作兴趣的激发带来负面的影响。我们知道，小学作文与阅读教材是合二为一的，而到了高等教育，写作便成了一门独立学科，此时的写作便可以说是纯技法的、纯理论的。但如果在上小学作文课时，不去想怎样拓展学生的思维，让他们“有话可说”，而是用一些作文“法则”去“指导”，这样不但不能提高学生的习作能力，还会反过来限制学生的自主表达，更可能扼杀学生原有的习作兴趣和热情，那真可谓舍本逐末，得不偿失。

公开课尚且如此，平时的常态课更是以“技巧”为主流，说得好听点，是“实在、扎实”，说得难听点，是“老实、古板”。因为这种类型的作文课几乎可以套用到每个单元的习作教学中，长此“训练”，学生的作文一定会被训练成新的“八股文”。

什么是八股文？马南邨（邓拓）的《燕山夜话》里说得较为清楚：所谓八股，是指在题前部分要有“破题、承题、起讲、领题”等段落；中间部分要有“起比、中比、后比、束比”等主要的几个大段落；末尾又有“落下”一段，以结束全文。想一想，这就是一种格式、一种规定，如果我们在作文教学中也过分地强调技法的重要性，也会培养出“八股文”高手。

鲁迅先生说过：“从前教我们作文的先生，并不传授《马氏文通》《文章作法》之流。一天，只是读，做，读，做；做得不好，又读，又做。但决不说好处在哪里，作文要怎样。一条暗胡同，一任你自己去摸索……但偶然之间，也不知怎么一来……卷子上的文章，居然被涂改的少下去，留下的，而且有密圈的场所多起来了。于是学生满心欢喜，照这样……做下去，年月久之后，先生就不再删改你的文章了。”

虽然这种“暗胡同里摸索”的方法未必可取，但它至少向我们透露着这样一个信息：写作技法之传授，不是作文教学的主要手段和途径，与其教师“授”其道，不如让学生“悟”其道。

我学会了尝试

五年级　陈昕雨

雏鹰要经过千百次的尝试，才能征服蓝天；石块要经历千年的时间，才能坚硬如铁。

——题记

有一种声音，
它能让人站起来，
有一种信念，
它能让时间停下来。
在雕征服天空之前，
在鹰飞向成功之后，

那个声音依旧低声自语：
尝试一次吧！
当我第一次成功，
第一次失败，
每一次的尝试，
只为了在天空中的那一秒，
无怨无悔。
在每个人成为世上的一分子，
上帝都会为他安排人生，
打破那陈规之时，
伴随成功的不仅是喜悦。
内心的冲动蠢蠢欲动，
生根、发展，
在苹果掉落的时候，
尝尝地球中的吸引力，
去试试打破宁静，
打开心锁。
在成长中尝试！
在尝试中成长！
感叹雄鹰成为大雕之时，
你可能正从蛹儿蜕变为蝴蝶——
美丽的未来属于你。

六、要创新，但忌过于时尚

特级教师贾志敏在“贾老师教作文”栏目里曾经有一讲，讲的就是作文要有创新。意思大致是这样的：作文切忌落俗套，切忌写得一般化。

一般化的作文表现在选材雷同，叙述平平，读了之后会产生似曾相识的感觉，叫人不喜欢看或者缺乏看下去的耐心。

北方有句俗话：别人嚼过的馍不香。意思是要创新求异，要别具一格，要独树一帜。

落俗套、一般化的作文必然是不动脑筋草草写出来的，而优秀的作文则必定是下了很多功夫才写出来的，这里说的“下功夫”，指的就是不断地思考，反复地研究，一次又一次地酝酿与琢磨。

比如，老师出了个作文题：《家乡变了》。落俗套、一般化的写法是：过去家乡如何如何的落后，如今高楼大厦拔地而起，最后点明题旨——家乡变了。

一位同学屏弃了这种写法，他独辟蹊径：

1. 一个月朗星稀的夜晚，全家在院子里纳凉，闲谈中谈到了母亲河——黄浦江。

2. 爷爷感慨地说：我小时候过黄浦江得乘坐小舢板，既费时又不安全。

3. 爸爸接过话茬：我小时候过黄浦江则乘坐轮渡船，安全多了，可是逢到迷雾天，则过不了江了。

4. 我高兴地说：如今我过黄浦江全然不愁这些了。去，过隧道；回，奔大桥。

5. 奶奶作了总结：世道变了，家乡也变了。

另一位同学的构思更是独具匠心：

1. 爷爷是个“老上海”，自诩能闭着眼睛摸到外滩。

2. 爷爷退休以后，去乡下小住三年。

3. 这三年，正是上海“三年大变样”的时候。

4. 今年岁末，爷爷从乡下回到上海，却迷了路，最后还是“打的”回到了家。

5. 爷爷一跨进家门，一个劲儿地说：我这个“老上海”迷了路，真是“上海变了，上海变了”。

这两篇作文的口子很小，然而开掘却很深，各自从一个侧面反映了家乡的变化，收到了很好的效果。

（一）追求创新，拒绝“公式”

其实，做人与作文本是同理，人生百态，按理作文也该五花八门、各有千秋才对。然而，批阅了大量的学生习作之后，我们发现千篇一律的习作比比皆是、源源不绝。“优秀”习作随手克隆，“垃圾”习作也不断复制。仿佛，习作已有了自己的套路，一招一式，有板有眼，称它们为“格式化”习作真不为过。以下便是从桌头的学生习作中摘取的一些作文“共性”现象，与同行们共览公式化习作“全景”。

1. **千人一貌**

在这些习作中，人物相貌如出一辙，眉毛胡子一把抓，似乎没把五官写个完整便不是外貌描写，同时，还有单调叠词充斥其间，真可谓是面面俱到。千人一面是何种风景？以下便是其中之二：

我的叔叔长着一个大脑袋，黑黑的头发下有一双炯炯有神的大眼睛，又高又挺的鼻梁下是一张能说会道的嘴，国字形的脸加上一对大耳朵，真帅！（大概我们周围的人都极少细眉遢鼻之人吧）

姐姐长得很美，圆圆的脑袋，黑黑的头发，浓浓的眉毛，大大的眼睛，高高的鼻子，小小的嘴巴，长长的耳朵，红红的脸蛋便凑成了她那可爱的样子。（好绝的相貌，如此怎有美感，也能算美丽、可爱）

2. **开篇妙招**

在很多同学为作文开头犯难之时，一部分学生却早已掌握一套开篇“秘笈”，百试不爽，任你给出什么样的作文题，他都能即刻挥笔，一蹴而就。不信请看：

（1）写人，如《我最尊敬的一个人》

我尊敬的人有很多，有严厉的爸爸，有慈爱的妈妈，有幽默的老师，有辛勤的爷爷，有助人为乐的姐姐……但我最尊敬的人就是——清洁工人。

（2）写事，如《令我高兴的事》

令我高兴的事有很多，妈妈给我零花钱，爸爸给我买玩具，做了好事受表扬，周末上公园游玩，但令我最高兴的事还要数那次半期考试，我得了个双百分……

这些对比反衬式的开篇方法让我们的弟子们用起来还挺方便，无论写人记事，均可通用。即便把题目中的“高兴”换成“伤心”，那也只要在句子中稍加改动便“天衣无缝”。除此之外，学生“创造”的开篇模式还有很多，如“你们知道我最尊敬的人是谁吗？是老师，是妈妈，是爸爸……都不是，告诉你吧，我最尊敬的人是……”“想知道我最尊敬的人是谁吗？请听我慢慢地介绍吧！”

3. **想象皆梦**

为培养学生的想象力、创造性，如今的新课程提倡学生多写想象作文，这无可厚非，书店里《想象作文大全》之类的读物也顺势铺天盖地而来。教师若是阅读面不广，便很难分辨出学生习作中有多少“水货”，倒是一些令老师较为放心的学生写起想象作文却又落入了一定的套式。

举一例来说吧，为了显示想象的虚幻性，很多学生便都从“梦”入手——“晚上，我无聊得很，便坐在沙发上看电视，看着看着，不知不觉便进入了梦乡……”于是开始了天花乱坠的想象之旅。仿佛，有“梦”才是表达想象的唯一途径。这不仅是个别学生乐此不疲的把戏，而且是众多学子们纷纷效法的伎俩，因为此法妙就妙在当作文字数达到要求时，便猛来一句“喂，喂，怎么在这睡着了？妈妈吵醒了我，原来这是一场梦”戛然收尾，习作长短自由调控。

怪哉，想象只在梦中有吗？

4. **母爱模式**

岂止母爱，甚至父爱、师爱……均是如此。一谈长辈之爱，便是无微不至；一谈无微不至，便是“我”半夜生病；一生病，便一定是感冒发烧；一发烧，绝对上40摄氏度，于是母亲（父亲）总是背我上医院，而上医院的路无论是多平坦多宽阔的街道，在“作家”们笔下总是有“深一脚，浅一脚”的状况，然后是打吊瓶、退烧，第二天醒来，妈妈在病床边睡着了……

多“感动”人呀，可当你看到大多数学生的母爱都与40摄氏度的高烧联系在一起时，你一定有另一种滋味在心头——傻孩子们，连说谎也不打草稿，怎么尽拣一个话题说呢？

5. **晴多雨少**

也许在孩子的世界中，快乐是多于烦恼的，所以晴天总比雨天多，“风和日丽，万里无云”频繁出现在学生的作文本中，无论写人、记事，还是写景、想象，都照用不误，无一例外。

在用词造句时不假思索，不顾及生活实际或具体语境，于是就会出现一些滥用词语的习惯。叶圣陶先生曾说过：这种“不成习惯的习惯”养成不得。

6. **百学不厌**

学骑车学会了，还要再学？对，《我学会了——》的习作中写学骑车，换个题目《我成功了》还是学骑车，再换《难忘的一件事》还是学骑车……从三年级一直学到六年级，不知是百学不厌，还是百学“不会”。

……

到了这里，我尚不能完全辑录学生作文中的所有“模式”，然而儿童语言的匮乏，甚至心灵的枯涩已可见一斑。

《人民日报·海外版》中曾有一篇文章《儿童语言趋贫乏，专家深感忧虑》也谈及这个问题：

“一篇600字左右的小学生作文，其中出现了72个‘死了’，如‘热死了’‘烦死了’……整篇文章都是十分简单的词语，毫无文采可言。”

“儿童语言变得越来越贫乏，不能不引起人们的担忧。”

“语言学家指出，孩子语言的贫乏，主要是因为其父母忙于工作，缺乏与孩子交谈、游玩和体验生活的机会，致使孩子整日逗留在电视机前，很少去翻阅书籍；此外，快餐文化也让孩子们迷失了自我，他们跟着直观图文流转而懒得去创造。这样，儿童语言就渐渐失去了发展源泉。”

还儿童的作文以儿童的色彩，给儿童作文以创新的气息，让儿童作文多一些个性的味道，这是语文教师必须要肩负的责任。

（二）追求创新，拒绝“时尚”

话说回来，在倡导学生习作创新的过程中，一些看似时尚的东西也容易在学生作文中滋长起来，如果教师在学生的习作过程中没有加以及时的帮助与指导，也将致使作文教学走入歧途。

1. **网络语言，制造新的语言垃圾**

随着时代的进步，人类的交际工具——语言也不同程度地发生了变化。

其中最大的变化就是新词汇的不断出现，冲击着人们的语言习惯。这些新词汇中，有相当一部分来自于现代传媒——网络，而这些词汇是极不规范的，它们的产生甚至直接源于打字输入时因为谐音等缘故而导致的错误，有的是旧辞赋新意，例如“神马”“酱紫”“大虾”等，有的根本是捏造之词，如“有木有”“灰常”等。因为网络的特点，这些词汇很快就传递到各类人群之中。应该说，自然界中本身就有优胜劣汰的规律，在自然的交际环境中，一些不符合逻辑与人们习惯的词汇就会自然消亡，造成不了什么影响。但是，对于尚处于学习语言阶段的小学生来说，语言的规范教育就显得尤其重要。

一些学生为了追求时尚，作文中就用上了这些新词汇。如果意思贴切，初次阅读会觉得有些新意，带来一些幽默效果。但如果这种运用语言的习惯没有得到有效的引导，甚至是鼓励学生（表扬这样的句子）进行类似的“创新”，就会导致出现新的语言垃圾。

迟　到

“报告!”教室门口站着一个人，气喘吁吁的，手里还拿着一个包子，才咬出一个小口。不用瞧，不用说，这个人肯定偶们班的迟到大王——阿捷。

童鞋们看见他这副狼狈样，都哈哈大笑起来。我想：完了，完了，这下迟到大王惨了，一定会被 KO 一顿的！果然不出我所料，老师怒气冲冲地问他：“为什么迟到?”迟到大王支吾了半天木有说出一个字。老师又说了：“你这是第几次迟到了?”迟到大王还是说不出一个字，老师见他这样，脸色越来越难看了，开始喋喋不休起来，这些话我们都不知听过多少回了，耳朵实在受不了，不少同学堵住了耳朵，生怕有一句话漏进耳朵里。可是迟到大王呢，竟然还一副悠然自得的样子，看来，这对他来说是小 kiss 啦。

……

不用说，这样的作文在各位老师的手上一定会有，其中夹杂着的网络新词或英文，如果老师没有接触过，也许还真读不懂了，比如“童鞋们”，谁能想到是“同学们”的新面貌呢？应该说，学生在理解这些词汇的基础上能够运用，这显示了一定的语言习得与运用的能力，并无需将其视若猛虎。但是，如果一些同学语言能力并不出众，也想在作文中卖弄一下，就可能出现不伦不类甚至难以读懂的作文了。

其实，不单是当今的汉语学习出现这种情况，其他一些国家的语言也出现了类似的状况。比如俄罗斯，受网络俚语影响，俄中小学生作文中的错别字越来越多，使用各种缩写和其他符号的情况也屡见不鲜；网络俚语也渗入企业公文，让老板看员工提供的书面材料时大费周章。“虚拟语言垃圾”的危害引起文化界和政治家的担忧，俄罗斯的一些人士希望通过立法手段保护俄语的“纯洁性”。是否需要立法加以保护，这个不是我们现在关注的事情，我们要做的是引导自己的学生学会规范地表达、正确地“说话”。

2. **娱乐新宠，造就另类想象**

在当今的传媒影响下，娱乐生活大大丰富了，这也在一定程度上影响着学生的生活与学习。只要电视上、网络上出现新的娱乐时尚，就必然能在学生的作文里“崭露头角”。这里，我们说说其中的一个娱乐新宠——穿越。

穿越，这个在2011年风靡全国的词汇，可谓是家喻户晓了。就是这样的一个流行元素，让一些未成年人的思想与学习发生了变化。据网络新闻报道，2012年初，某县两个五年级的小学生跳潭自杀前写下遗书，说是要穿越回到清朝拍电影。这虽然是个例，却说明了“流行时尚”的东西在学生的生活中造成了极大的影响。此处我们不说思想教育，单说作文教学受到的影响。在过去的作文指导中，我们曾看到一些学生用“移花接木”式的想象，把自己置身于一个过去的场景中或者未来的世界里，这是“穿越”式作文的前生。那么如今呢？学生的想象作文几乎都与“穿越”搭上了边。某一个学年，学校组织学生征文活动，学生可以根据主题写想象作文，也可以写纪实作文。学生上交的作品里，也出现了一部分的“穿越”式想象作文。

我与古人的对话

这个寒假我可忙了，我一头扎进历史的长河，悠闲地划着一叶扁舟，畅游着，从古至今，悠然走来。

那天，我正划着小舟独自沉思。突然，我的眼前一亮，哇，好漂亮的宫殿。只见一个着皇帝服装的人从宫殿里走出来，我仔细端详，咦，这不是秦始皇吗？那这座宫殿就是阿房宫了？我赶忙上了岸，小心翼翼地与秦始皇打招呼。他骄傲地对我说："我是中国的第一位皇帝，是我统一了中国的文字、货币，统一了儒生的思想……"说着说着，他叹了一口气，低下了头，说："可我后悔呀，我不应该那样残暴，让百姓有了反抗的理由；我教子无方，所托非人啊！……"我不忍心打断他的思绪，悄悄地离开了，划着我的一叶扁舟再次起航。

一天，我正在小舟上低声吟唱。突然，一阵隐隐的抱怨声传入耳际，细听，原来是隋炀帝在晋阳宫前边叹气边埋怨："都是我！都是我！都是我这个窝囊废！都是我这个好色之徒，贪恋美色，不理朝政，才让'短命'的隋朝被李渊轻易地夺去了江山。我真是杨家的千古罪人呀！……"我听了摇摇头，不禁感叹：世上毕竟没有后悔药，早知如此，何必当初！

这天，我正无聊着，任由小舟自由漂移，漂呀漂，突然眼前一片金黄，这不是清朝的紫禁城吗？这可是我最想游的地方呀！清朝有着我最崇拜的几位皇帝，他们共同创造了"康乾盛世"！我急忙跑上前，这时，我看见祖孙三代正坐在桌旁聊天呢！走近一看，原来正是"康乾盛世"的三位主角：康熙、雍正、乾隆。我不停地向他们了解清朝的历史，他们也有问必答。当我情不自禁地赞颂他们时，乾隆谦虚地对我说："我们祖孙三人的创业过程，就好像老百姓的种菜过程。皇爷爷（康熙）开垦了一片荒地，皇阿玛（雍正）播撒下了种子，而我（乾隆）就等着秋天收获……"不等乾隆说完，康熙接过话茬儿："历儿（乾隆）说得不错。我在位60年，打了不少仗，传位给老四（雍正）时，国库空空，而老四（雍正）传位给历儿（乾隆）时，国库却是满的。说明老四（雍正）在位时，的确做了不少，还为历儿（乾隆）打好了基础。"这时，雍正也说道："皇阿玛（康熙），您也别夸儿臣（雍正）了。要不是皇阿玛（康熙）您辛苦地创下了一片江山，儿臣（雍正）们哪有今天的生活呀！……"康熙听了，摸摸胡子，微微地点头。我听了，不禁感叹道：这样的祖孙，能不创下康乾盛世吗？于是，我告别了他们，划着我的小舟，再次起航。

历史自有后人去评说，但这次历史长河之游，却让我明白了许多道理，历史长河之游还将继续。

此篇文章写得还好，语言表达清楚，内容选择健康。但是我们发现，作文中一些人名及称谓的表述显得累赘，几个回合之后的"不禁感叹"比较单薄与雷同。这还是优秀学生制造的“穿越”，换成没有丰富阅读经历的学生，就只能是“篡改历史”、东拉西扯了。看来要想“穿越”成功，并不简单。

（三）追求创新，适当“回归”

要创新，但不能过分追求时尚，在习作的总复习阶段，甚至应该提倡适当的“回归”。

1. **由创新向模仿的回归**

模仿是母，创新是子。一个人的模仿能力越强，创新能力越高。一个不会模仿的人，是绝对不会创新的。儿童的模仿能力尤为突出，从蹒跚学步到健步如飞，从咿呀学语到出口成章，从一笔一画的临帖到笔走龙蛇的书画，儿童的一切学习成果都是受益于模仿。虽然一直以来，模仿都被视为作文教学的初级阶段策略，但在作文总复习时，模仿策略的使用必定可以收到立竿见影的效果，尤其是在应用文的复习上，范文和下水文的介入将使得作文复习事半功倍。

当然，范文使用与模仿学习的过程拒绝简单呆板的操作方式，需要教师针对不同的学情来制定教学的实施方案。

第一，有备无患，准备范文。上作文课前，教师必须准备好供学生模仿的范文。这个范文，可以是教材内的课文，也可以是班级学生或者同龄人的优秀习作，也可以是课外的名家名作，还可以是教师的下水文。对于学生而言，没有了范文引导的作文课，就好比没有了“例题”的数学课，就会失魂落魄。

第二，讲究多样，多元模仿。不要提供单独范文，而要提供多个范文，至少需要三个文本，从“单一模仿”走向“多元模仿”。范文对学生的影响，有的是谋篇布局的写作形式，有的是素材挖掘的写作内容，有的是个性独特的写作语言风格。有了不同风格的范文以供选择，孩子们的模仿同样具有个性，学生在选择和整合多个范文的同时，就打破了千篇一律的格局。

第三，注意层次，鼓励超越。不同学力、不同水平的孩子的模仿能力是不一样的。有的孩子看一篇文章，就能照样子写习作；有的孩子要把范文放在眼前，边看边模仿；有的孩子全文模仿，有的孩子局部模仿；有的孩子只能模仿一篇，有的孩子能同时模仿好几篇，甚至有个别特困难的孩子还需要边抄边模仿。对于这些模仿的方法，我们都要宽容。孩子具备什么样的模仿能力，我们就要引导他使用相应的模仿方法。我们要相信，一个自己会走路的人，他是不需要你来背他走的。虽然提供了范文，但模仿不是强迫的，可以鼓励学生超越老师提供的范文自由写作。我们要相信一部分学生的脑袋里装着许多优秀范文，这些会写的学生不是不需要模仿，而是不需要模仿我们提供的范文。

模仿，绝不是简单的，它是一个具有高度智慧与复杂技巧的教学方式。面对不同水平的学生，面对不同的题目，面对不同的场合，如何出示范文，什么可以模仿，什么不可以模仿，范文该如何一步一步展开，这些教学细节的过程，都是值得研究的。

2. 由自由向限制的回归

不妨设个比喻，运动员刘翔在田径上取得巨大的成功，同时，我们也通过一些媒体看到他在享受比赛，快乐训练。这很似我们的作文教学，总在提倡快乐作文，享受作文。但我们在提倡学生“想写什么就写什么，想怎么写就怎么写”的“自由表达”时，能否设想一下，刘翔的训练是否也是“想跑多久就跑多久，想怎么跑就怎么跑”的“自由训练”？答案是否定的。类似刘翔一样的运动员，必定是严格按运动的规律、跑步的规则来训练的。由此，我们的作文训练必定也要讲究规律，约定规则。

课标中提到要减少对学生的束缚，要给学生自由表达的空间，鼓励有创意的表达。而这个自由的空间是哪些自由？是选材的自由，还是表达的自由？以想象作文为例，对于想象，教师该有怎样的要求？是否需要“合理”想象？比如让学生就课文的某些故事进行续写，这其中就必须要求学生尊重故事中人物的某些性格特点的相对固定。也就是说，想象可以改变人物的命运，但不能改变人物的特点。这就是限制。在大谈“自由”“自主”的今天，我们有必要谈谈对学生写作上的一些限制、一些要求，尤其是在总复习的时候，给予“规则”是非常必要的，有必要让学生知道循规蹈矩，必须让学生学会突出中心、扣紧主题，必须让学生学会有的放矢。

既然是总复习，就一定是从基础开始，从知识入手，从能力着手，再着眼于学生素养的形成。作文教学也是如此，走一条属于自己的回归之路。

有人说
不需要远，不需要高
只要会飞就是鸟
有人说
不需要快，不需要深
只要能游就是鱼
有人说
不需要湍急，不需要极深
只要是湛蓝就是水
有人说
不需要高大，不需要茂密
只要是碧绿就是森林
如若是鸟
何不做一只搏击长空的苍鹰？
如若是鱼
何不做一尾遨游深海的猛鲨？
如若是水
为什么不是海洋？
如若是森林
为什么不是白杨？
生于平庸，死于平庸
是人类最大的悲剧
生命的不完美需要一颗理解的心
但绝非是对平庸的迁就
因为迁就平庸就是毁灭成功

——好心情原创文学网

第五章 掌声何时响起来

——作文教学应讲求评价艺术

掌声想起来，我心更明白，你的爱将与我同在……孩子不是教出来的，而是夸出来的，这是教育的箴言。在作文教学中，教师要用真诚的喝彩，消除学生作文的畏难情绪；要用热烈的掌声，培养学生作文的兴趣；要用艺术的评价，提高学生作文的能力。

歌手陈桂芬在歌曲《掌声响起来》中这样唱道：

好像初次的舞台
听到第一声喝彩
我的眼泪忍不住掉下来
经过多少失败
经过多少等待
告诉自己要忍耐
掌声响起来
我心更明白
你的爱将与我同在
掌声响起来
我心更明白
歌声教会你我的爱
……

孩子不是教出来的，而是夸出来的，这是我们经常听到的教育箴言。幼儿教育者如是说，家庭教育专家如是说。中小学教育又何尝不是如此？

缺乏喝彩，学生的作文畏难情绪如何消除？

缺乏掌声，学生的作文兴趣激情如何培养？

缺乏评价，学生的作文能力水平如何提高？

然而，通过调查发现，不管是日常的作文教学，还是公开观摩活动中的作课，重指导轻评价的现象还是比较普遍。此时，我们似乎应该反思一下。

一、“评”与“改”，何去何从

作文评价，以两个方面的工作为核心，一是“评”，二是“改”。我

认为，作文教学中评改甚至比指导更重要。指导学生写作文时，学生是在认识自我、认识世界，是在创造性表述，这当然是一种乐趣，然而教师的评改使他们的劳动成果得到关注，尤其是得到赏识，对学生来说更是一种乐趣。评改，是继习作指导之后又一次点燃学生习作热情的方式。

于漪老师说："学生最喜欢看到的是老师的评语，他们对你有一种企盼、一种渴望。"这话的确不错，尤其是小学生，评语的最大功能是激发热情。这也告诉我们，评改学生作文的方向与目的是什么。心理学研究表明，任何一个人都渴望得到他人理解、与他人交流。即便是最内向的学生也有这种渴求，他希望被同学接受、与老师交流，只是迫于胆怯。老师与这样的学生当面交流有难度，但如果通过文字，那就另当别论了，因此，评语是沟通老师与学生的一座桥梁。

评改如此重要，应该如何进行？其实，"评改"包含两个方面的内容："评"与"改"。我们就先说说"改"。

（一）如何改

改是一种挑战学生作文缺陷的行动，也是一种对学生语文能力负责的行动。

既然是"改"，说明这是针对学生作文中出现的语言缺陷而言的。面对"错误"，老师该如何妥善处理呢？

我们可以看看特级教师贾志敏的"改"，他的"改"是当面、当堂进行的：

生：（读作文）昨天，我把妈妈给我的饭费随手夹进了草稿本，可我前做后忘，竟糊里糊涂地把草稿本扔进了垃圾箱。

师："糊里糊涂"的第一个"糊"把它改成"稀"，"稀里糊涂"。

生：（继续读作文）竟稀里糊涂地把草稿本扔进了垃圾箱。今天一放学，我就直奔回家，连鞋也顾不上脱，急急忙忙走近废纸篓，边找边问妈妈："妈，我的草稿本呢？""噢，刚才收垃圾的人来了，我把它卖了。"妈妈不紧不慢地说。

师：垃圾跟废品是两个概念。垃圾是地上的灰，吃下来的壳等。废品是还可以用的，废物能利用。

……

生：（读作文）这下我可着急了，卖掉的不是本子，这可是妈妈辛辛苦苦挣来的呀。“妈，这里面还有你昨天给我的100元呐。”“你这孩子，怎么这么粗心。”

师：这里要注意，好像妈妈太大方了，也应该让她吃惊一下。应该加个“真的，这该怎么办?”这样效果会好些。

……

这里改了三处，几乎是每句必改。一是“糊里糊涂”与“稀里糊涂”一字之差，二是“垃圾”与“废品”之改，三是语气上的斟酌。

有人说贾志敏老师的“改”过于苛刻，我们认为一个“糊里糊涂”也说得过去，他却觉得改为“稀里糊涂”读起来更上口些。其实，就是这种严谨、细致，才能培养学生良好的语感，提高他们准确地理解、运用语言的能力。

以上是贾志敏老师在学生习作完成之后立即进行的一些讲评，可以说是即兴的。不过，这样只能是面向少部分的学生，不可能有太多的学生得到这样的评价。那么，如何上好专门的讲评课呢？很高兴，最近几年，我们看到了青年特级教师管建刚上的一些讲评课。

、“　　”

师：叶李希有一句话，和黄玥的话，异曲同工。

▲我听了，气得都快把肺给炸破了，心想：什么嘛？高矮又不是能自动调整的，是天生的。

师：叶李希的话略输一筹，输在多了一个词，要删去，你猜会是哪个？（停顿一会儿）一时拿不准，不要紧，再看两句，它们犯了同一个病。

▲我心头一紧，心想：什么？今天居然要考跑步。

▲我很不爽，心想：要是我走回家的话，现在就是在家里看书吃零食了。

生：删去“心想”。

师：对啊。随便找一句，去掉“心想”，读。通不通？顺不顺？我还摘录了以下句子：

▲我一看，他那么矮，心想这回肯定赢了。

▲我听到这些话，难受极了，心想：他们为什么要这么说我呢？体型又不是我能决定的。

▲我站在原地，心想：哎，竟然把我当成了刚进小学的一年级学生。

师：左边两组，读原句；右边两组，读删去“心想”的句子。（师板书：“心想”病。生读）写作文，经常要写人物的动作、表情、神态、心理。写动作前，你会写“动作”怎样怎样？写表情前，你会写“表情”怎样怎样？大家的笑声告诉我，不会。为什么写心理前，要“心想”怎样怎样呢？记住，这是“心想”病。

师：“心想”病会变身，看你认不认得出。

▲没办法，我只好瞪了他们一眼，心里酸酸地想，我从生下来的第一天起，看电视就从来没超过一个小时，上电脑也只是为了查资料，近视的原因，真的不是因为这些呀！

师：看出来了吗？

生：删去“心里酸酸地想”。

生：只要删去“想”字。

师：后面这位同学的治疗高明，小手术能治好的病，千万别动大手术。

、“　　”

师：这两句话里，要删去一些词，是什么？

▼不是因为太小，穿不下，就是太胖，穿着不好看。

▼我成长的烦恼就是个子太矮了，因为这个烦恼给我惹来了许多事情。（稍后，幻灯再出示）

▼我使劲甩着绳子，但最后也只跳了可怜的——92个。

▼虽然有许多人羡慕我这身材，既小又瘦，但我却十分讨厌。

生：第一句和第二句都删去“因为”。

生：第三句要删去“但”，第四句删去“却”。

生：第四句，我认为删去“虽然、但”。

师：第四句，我同意后一位同学的说法。同学们，“因为”“但”“虽然……但……”都是关联词。很多同学喜欢用关联词。其实，关联词是胶水，语言无法连贯时，迫不得已，用一下。绝大多数的情况下，语言本身是连贯的，不需要用关联词。请看：

▼此时此刻，我既悲哀又无奈。悲哀的是，这身高怎么不往上长。无奈的是，身高长不了，可是我一点办法也没有。

▼我只能婉言谢绝了他，闷闷不乐地拿起了笔，人虽坐在写字台前，心却早已飞到了楼下，满脑全是小朋友玩耍嬉戏的情景。

师：发现没有？这两句，分别删去什么？

生：第一句删去“可是”，第二句删去“虽”“却”。

师：我们读第二句，请右边两组读原句，左边两组读删去“关联词”的句子。

师：删去之后，语言更干净、更简洁、更连贯。可有可无的要删去。再看两句。

（内容略）

（师板书：“关联”病。生读）

师：这两个病，不难治。你写好作文后，要读。读的时候，想，我有这病吗？一读，一想，一改，病好了。

、“　”　，

1. 认识“说病”

师：看这些说话句，你发现问题没有？

◆叔叔打量了我一会儿，说：“小朋友，你几斤啊？”

◆一旁的裴菲见了，说：“怎么了？”

◆我心不甘情不愿地问体育老师为何我没入选时，他说：“你技术不错，但你长得太矮，球容易被盖掉。”

◆“这是为你好，多做些练习，对你只有好处，没有坏处……”每次给我布置家庭作业时，妈妈都会这样说。

生：都用了“说”字。

师：你的眼睛真厉害。写作文，需要这样的眼力来挑剔。第一句和第二句中的“说”，改什么？

生：改为“问”。（师板书“问”）

师：第三句呢？

生：可以改为“回答”。（师板书“回答”）

师：第四句有点难度，改成什么？

生："唠叨"。

师：说说你的理由。

生：这些话，妈妈经常说，说了很多遍，所以用"唠叨"。

师：你分析得很有道理。请你将"唠叨"写在黑板上。

师：班上也有不少同学，很注意用表示"说"的词。请看苗彦豪的：

◆叔叔走到爸爸妈妈身边，责备他们："你们给孩子吃什么呀？怎么这么瘦？你们是不是不给他多吃肉啊？"

师：（幻灯里，红线划出"责备"）再看朱清怡的：

◆我气得肚子都快炸了，对她吼道："我已经上五年级了，不要拉倒，我还懒得教你呢！"

师：（幻灯里，红线划出"吼道"；生齐读黑板上、幻灯里的表示"说"的词）同学们，汉语里表示"说"的字、词很丰富，除了这些，还有什么？

（生罗列了很多，写在黑板上，齐读）

师：写作文，经常要写故事。故事，少不了人物，你要让作文里的"人"开口说话；要写好人物的说话，就要注意"提示语"；写提示语，要注意，不要犯"说"病。

（师板书："说"病。生读）

2. 不用"说"字，写提示语

师：请看同学写的精彩的说话句：

◆谁知，表哥人还没进来，话先进来了："窗帘后藏着什么呀？"

◆花花小心地拿起一粒白巧克力放在我手里，转身就走，边走边抛给我一句话："你太胖了，不宜吃糖分过多的黑巧克力。"

◆还没等我开口，妈妈的声音就传来了："等书读好了，有的是时间玩！我先给你打预防针，没进入好中学之前，不许出去玩。毕业班了，要多看些书，做完奥数卷，再做语文练习，还要做……"

师：发现没有，龚依文、汪佳琪、杨宇慧的提示语，没有表示"说"的词，对"声音""话"的描述作提示语，有意思。再看：

◆我一提出来，爸爸妈妈就跳了起来："什么？绝对不行！你怎么能一个人跑出去呢？你知道外面车子来来往往，有多危险吗？不行不行！"

师：这个"跳"，真的"跳"吗？

生：指着急、愤怒。

师：用人物的心情写提示语，陶乐青，写得好。

◆他用怀疑的目光，上上下下打量了我一番，摇头拒绝："不行，你个子矮，腿短，跑不快。"

师：林荟君用人物的动作、目光写提示语，传神啊。

3. 改写提示语

（幻灯出示）

◆"咦，华赟，你肚子怎么圆滚滚的？"何老师问我。

请华赟上台，和老师一起表演。老师眼睛盯着华赟的肚子，指着华赟的肚子，问："咦，华赟，你肚子怎么圆滚滚的？"

师：谁来说这个说话句，注意提示语。

生："咦，华赟，你肚子怎么圆滚滚的？"何老师盯着我的肚子，看了半天。

师：这是用"目光"写提示语。

生："咦，华赟，你肚子怎么圆滚滚的？"何老师一脸疑惑。

师：这是用"表情"写提示语。

生："咦，华赟，你肚子怎么圆滚滚的？"何老师指着我的肚子，问。

师：这是用动作写提示语。

4. 情境练提示语

教师表演：右手食指放在嘴唇上，"嘘，请坐端正。"学生写话，教师选两位同学读话。

生：老师将食指放在嘴唇上，说："嘘，请坐端正。"

生："嘘，请坐端正。"老师环视了整个教室，说道。

5. 提示语的位置

（幻灯出示，生齐读）

◆他用怀疑的目光，上上下下打量了我一番，摇着头拒绝："不行，你个子矮，腿短，跑不快。"

◆"等等，好像不太对……"爸爸似乎发现了什么，叫我把手拿下来。

师：林荟君的句子，提示语在前；傅睿婧的句子，提示语在后。刚才，两位朗读的同学也是。提示语还有一种位置是在——（生接"中间"）对，

请看朱亦奇和沈宇顺的句子：

◆“那不是外婆？你……”妈妈若有所思了片刻，“瞧，那车牌号是多少？”

◆“不行！”妈妈停下手中的活儿，“你快去把‘上海新卷’的第二单元测验卷A、B、C卷，全部做完……”

师：一个人说的话里，有两个意思，一般提示语放中间。请你将刚才写的话改为提示语在中间。

生：“嘘，”老师将食指放在嘴唇上，扫视了整个班级，说道，“请坐端正。”

师：“嘘”，声音提示，后面是“说”的内容，中间提示语隔开，比较恰当。注意，提示语在中间，“说道”后的标点是逗号。

师：提示语有三个位置，前、后或中间。究竟什么时候在“前”，什么时候在“后”，什么时候在“中间”，很有讲究。你要琢磨。怎么琢磨？看课外书，注意说话句，注意提示语，琢磨为什么在“前”或“后”？这样读，你的写作进步会很快。

通常，学生的作文缺陷远不仅一两处，班级人数都不少，因此作文缺陷一定是不计其数。怎样的“改”，才能顾及到全体学生呢？管建刚老师的讲评课给了我们一些启示。管老师对学生的一些（因为表达习惯而导致的）语病进行归类，从多个学生的作文中搜集句子进行评改，这种归类讲评既能节省时间，又能适当集中话题，更可顾及大多数学生，一举数得。

此外，“改”还应当是学生的一种能力。《语文课程标准》指出：“在自我修改和相互修改中提高习作能力。”这就是说，“改”的任务应当分摊一点给我们的学生，让他们也学会“改”，这还是课程目标中要着手培养的一个能力呢！看来，像刚才贾老师这样的“改”只是给学生一个示范，管建刚老师的“改”也是由学生自己来实现的。学生在听他人作文，在听老师对一字一词一句的斟酌中学会修改自己或他人的作文。

这是“改”。“改”是对学生的语言文字表达能力负责，可以训练学生的语言运用技巧。但是，如果仅仅是这样“改”作文，日久天长之后，我敢说学生一定会失去对作文的兴趣。因为这种“改”都是直面学生的缺点，人的缺点被不断发现，被不断指出，谁还能保持热情？不可能，大人都不可能，更别说我们的儿童。因此，让学生作文有动力源，还需要一个更重要的环节，那就是“评”。

（二）如何评

评是一种对学生的优点进行放大赞赏的行为，也是激发学生作文兴趣和与学生交流的一个途径。

“改”可以让学生尝试，“评”则需由老师躬亲，即便有学生参与评，也不能缺少老师的评。积极向上的评价，充满鼓励的评价，用评语（书面、口头）去善待每一位学生，这种评语必须淡化缺点，强调优点，避劣显优，将赞赏进行到底，只有这样，学生的习作劲头才会越来越足。

师：这次作文，同学们写出不少精彩的句子，我们一起欣赏。（读）

●一听到这些，我的头就变大了，批评的话、责备的话不断地在耳边响起。

●我气不打一处来，眼睛里充满了火星！

师：曾彦铭的头并没有变大，裴菲的眼里也没有火星冒出来，这叫会写。（再读）

●我在房间里“学而时习之”，他们则在电视机前“不亦乐乎”。从客厅里传来的笑声，飘进了我的耳朵，我心里痒痒的，我多么想和他们一起看、一起笑啊！

师：诸雁婷将“学而时习之，不亦乐乎”，一分为二地用，有创意。再看杨宇慧的。（读）

●哎，作业几时无，把笔问青天，我欲上床睡去，只恨作业未完……

师：大家的笑，是对杨宇慧改写诗词的最好认可。（再读）

●日子一天天过去了，我还是那么矮，外公说我一年才长一厘米。哎，连外公都嘲笑我，我这个烦恼究竟何时能了？

师：“何时能了”，用词老练。朱清怡，你不妨看看吕湫宁的烦恼：

●我去书店买《三国演义》，收银员问我有没有上小学，看那么难懂的书；去理发，理发师问我几岁，我让他猜，他猜到八岁就不再猜了……

师：为什么猜到八岁就不再猜了？

生：理发师认为他不可能超过八岁。

师：你说的意思，吕湫宁没写，隐含在省略号里，这叫意犹未尽。

……

●肥胖总是困扰着我：147CM，43KG，腿比妈妈的还粗。每当看见苗条的小姑娘从我身边娉娉婷婷地走过，我只能眼巴巴地看着，狠狠扭一下大腿上的肉，暗暗埋怨：汪猪猪，你怎么这么胖！……

师：一个“扭”字，一声“埋怨”，汪佳琪，你写活了。男生，大声读作者名字。

师：不过，有比王佳琪更狠的，请看华赟的：

●我恨不得现在把肚子上的肉一块一块地割掉！

师：大家都笑了，能够使你笑、使你愁的句子，就是好句子。一篇文章，你要有三个好句子，那就叫有文采。写好作文，要回头找，我有好句吗？没有，改出几句来。

这是管建刚老师的讲评课片段，我们如果把管老师的评价语言都提取出来看一下，就会知道他是如何客观而又生动地肯定与激励学生的。“诸雁婷将‘学而时习之，不亦乐乎’，一分为二地用，有创意。”“大家的笑，是对杨宇慧改写诗词的最好认可。”“‘何时能了’，用词老练。”“一个‘扭’字，一声‘埋怨’，汪佳琪，你写活了。”……这些语言，正是以赞赏的眼光对学生习作进行肯定。对学生来说，还有什么比这样更幸福的作文课呢？

当然，我们都知道，班级里学生的差异是客观存在的，学生的语言表达能力也是良莠不齐的。平时批阅作文，总是会看到比较难以下笔进行评改的作文，有的写不出一句通顺的话，有的全篇上下没有标点符号，甚至有的学生无计可施，只好“复制”“克隆”……该怎样面对这些作文呢？

对于这类“天书”式作文，我们不妨换个思路进行评价。比如，给他画一朵花（或者一个大拇指、一个笑脸），然后写上对自己对他的好印象（超越作文内容的）；或者用红笔画出作文中能把意思写清楚的几个句子，甚至是几个标点，让他也有得到赏识的机会。

至于抄袭作文，一个班级中总是有这样的现象的。怎么评？有老师写“请自己写，不要抄他人的作文”，有老师写“请勿模仿他人，写出自己的创意”。我还曾经看过一个幽默，说一老师在发现学生抄袭作文后写上一句：“请署上作者姓名。”显然，这是在暗示，同时也不无讽刺，这虽然幽默，然而并不可取，这是很让学生脸红的一种评语。面对这类作文，最好的办法是延时评价，寻找当面交流的机会，对学生进行了解后再作评判，既不会因为自己的武断而误会学生，又可以根据自己了解的情况进行准确评价。

学生需要人文的关怀，这份关爱就包含在老师评语的一字一句当中。诸如“内容具体，语句通顺”之类的评语，既显得笼统模糊，又缺乏感情色彩，学生看多了，也就麻木了，长此“审美疲劳”，学生对教师评语也就失去了兴趣，最终看也懒得看，评价的作用就完全丧失了。所以，我觉得，即便学生的作文一无是处，我们也得给学生一些真诚的关爱和真心的交流。

当然，“评”的渠道不只是“评语”，还有一条，那就是当堂评价。而且要隆重地评价、表扬、激励。可能在平时，我们表扬的大多是表现优秀的学生，或者有明显进步的学生，一个班级这么大，是否有学生被遗漏呢？虽然不可能全班一起表扬，但一个学期下来，如果有某个学生在八次或者更多次的作文中竟然没有被提名过一次，这种遗忘是很可怕的。反之，一个被大多数老师遗忘的学生，如果得到你的一次诚恳又真实的表扬，他一定可以激动很久。哪怕你说他这次错字比上次少了一个，或者说这次作文的标点比上次多了，而且有几个用得很准确，等等。

这样一来，才不至于让学生视作文为畏途，即使还“畏”，那也能减轻一点他们的“作文恐惧症”。

二、评价有理念

几年前，我还在偏僻边远的一所小学任教。在一次作文课上，我布置学生介绍自家的农产品。作文交上来后，我发现了这样一篇习作。

萝卜大王

萝卜是我们村里的主要特产。说起萝卜，那仿佛就是我们村的代名词。而在整个村里，又数我家的萝卜种得最好、制得最棒。因此，我爸便成为了村中的“萝卜大王”。不信是吧，请听我给你们介绍介绍。

爸爸种萝卜的“历史”长了。从当年的种萝卜能手变成今天的专业大户，经验自然不少，理论也是一套一套，也难怪大伙都“迷信”他。你看爸爸种的萝卜要模样有模样，要品种有品种，白的、红的、长的、短的、球形的、参形的，个个白净红润，鲜嫩可爱。从地里挖回来后，放在水中一洗，每个萝卜都发出透亮的光，又像是一筐筐的玉石珍宝，真惹人喜爱。

种萝卜我爸是高手，制萝卜我爸更是不赖，也不知他是从哪儿学来的手艺。我家的新鲜萝卜除了批发现卖以外，剩下的则制成各种各样可口的萝卜系列食品。什么萝卜干、萝卜钱、腌萝卜……说得上名堂的，我爸几乎都能做出来。特别好吃的要数“红糟萝卜”了。爸爸把白白胖胖的萝卜洗净晾干，小心放进盛满红酒糟的大瓮之中。由于红糟中早已调好了盐和各种香料，不用过多久，这些美味爽口的“红糟萝卜”便“出炉”了。就因为这，人家都说“萝卜大王”的食品虽然没有注册商标，但味道已经超过浙江萧山的制萝卜工艺了。

如果来我家，可别忘了吃“萝卜大王”为您制作的“红糟萝卜”哦！

这个学生平时的作文并未见得好，他的家庭我也挺熟悉。再说我那任教的小村庄中哪有什么“萝卜专业户”？很明显，这作文不可能是他原创的，而肯定是更为严重的行为——抄袭。此时的我与许多语文老师有相同的感受——愤怒。对于抄袭，我一向严惩不贷，虽未“朱笔”一挥，画个“0”分，但我一定要写上警示式的文字，以示教师“火眼金睛”岂容尔等“瞒天过海”？但这次能否来点更委婉、更温柔的“警示”呢？几经思索，我给了这个学生这样一段评语：

“这真是一篇好作文，说它好是因为老师读了之后很想亲口尝尝这美味的‘红糟萝卜’，并向你家号称‘萝卜大王’的爸爸问问清楚，这是怎么做出来的。你能请我吃吗？我等着你的邀请哦……”

作文本发下去，讲评课上我未对此篇作文给予只言片语的评说，但是我一直在暗暗关注着这位同学的表现，只见他很认真地读着我端正书写的评语，片刻又若有所思。

几天后的一个中午，这位同学敲响了我的房门。我一见是他，便高兴地说：“哇，是不是请我吃美味佳肴来了？”他红着脸，说了自己因为偷懒而抄袭他人习作的经过。我故作失望：“唉，我的‘红糟萝卜’呀，你吊起了我的胃口，我正想去你那儿解解馋，却又……”言语中责备并不多，倒含着几许诙谐。他仿佛也听出了其中的意思，就说：“老师，没关系，我家虽然没有红糟萝卜，但有一样东西你肯定也会吃，那就是……”“等等！”我打断了他的话，“补偿一下，也是可以。不过，我要你也把这样东西写出来，让它同样能吊起我的胃口，我便接受你的邀请，并恕你‘无罪’。”我的语气变成调侃。他听后，说了声“一言为定”，便跑得无影无踪。从他离开时的脚步，我可以感觉到他的心情是多么轻松愉快。

我也变得欢欣愉悦起来，没想到一段评语还能带来一次如此亲密真诚的交流。之后，我收到了他亲手交给我的另一篇习作《“姜太公”》。当然，更少不了请我去尝尝他家的“风味特产”——“糟姜”。值得一说的还是他的习作，应该说他这次的习作朴实无华，但水平超过任何一次习作。据了解，他再次写作之前，向家长仔细询问了糟姜的制作工序，还认真品尝、观察，既借鉴了前文的精华之处（如拟题），又结合自家的实际情况，真实、具体的文字自然倾笔泻出。由这次经历看来，与其写“评语”，不如写“对话”。诚挚的交流对孩子们来说是多么重要，孩子的心灵便在这种激励与对话中敞开了。这缕灿烂的阳光将让他们感受到习作的乐趣，更让他们找到习作的门径。

“姜太公”（该生二次习作）

别误会，这个“姜太公”并非姜子牙老谋，而是我爷爷。我爷爷姓“姜”吗？不，而是因为种姜是我爷爷的特长；为何称他“太公”？哦，那是因为他在我哥的儿子口中就是“太公”。于是，我便给我的爷爷封了个“姜太公”的美称，理由很充分，我就给您讲讲。

说来惭愧，我爸并不勤快，我爷爷却不同。虽然他今年已经七十来岁，但每天坚持生产劳作，还是种姜高手呢。每年，我爷爷种的姜不仅够一大家人吃，还可以卖出好多。

爷爷种的姜很棒，有球形的，有竹节状的，都很健壮，黄里透着红，带着泥土的气息。每年挖姜的时候，我们全家都很高兴，爷爷也总是笑得眼睛眯成一条线。

妈妈把姜洗净了，留下一些鲜嫩的姜用来炒出美味的菜肴，剩下的大都利用红酒糟进行腌制。每到这时，爷爷总是亲自督阵，指导妈妈做“糟姜”(其实妈妈早就会做了，只是爷爷爱吃糟姜，好像看着妈妈制作都觉得过瘾)。妈妈先把红酒糟整缸搬来，放入盐、糖、味精等调料，然后把洗后晾干的姜整个儿埋进酒糟里。就这样过个十天半月，姜中就有了各种味道，特别是糟香，令人不吃就醉了。再加上并不烈性的辣味，吃起来别有一番滋味。包你吃了还想吃，直到心中热气涌动才肯罢休。

于是，我常对爷爷说：“姜太公，姜还是老的辣啊!”

如今，我所任教的班级学生的习作水平远远胜过当年那些农村的孩子，但是，在我眼中，他们是一样的孩子，一样需要以“爱”为理念的评价。

作文评价方式五花八门，作文评价的途径也是各有千秋，但作文评价的目的只有一个，那便是让我们的孩子更爱写作文、更会写作文。因此，我的作文评价所遵循的理念便是——一句话，两股风，三个度。

(一) 一句话

作文自评很重要，同学互评很有效。然而，学生的心中最想得到的还是老师的一句话——一句赏识的话，一句知心的话，一句鼓励的话。在我给学生的作文评语中从来不会忘了这句话，因为我知道这句话对学生有多么重要。有了这句话，学生的心永远是温暖的，也会永远期待着作文本发下来的那一刻。

对于一些有着积极意义，能够看出明显优点的，表达出良好精神面貌的学生作文，我们自然可以极尽优美之辞来赞美他。比如：

“你在介绍小动物，我却仿佛是在读一篇童话。优美的语句，对小动物可爱形象的细心描摹，显示出你良好的作文功底。我挺你！”

“读你的作文，我有一种感受，那就是好像在倾听你的心声，在与你聊天，我喜欢读这样的作文，真实又真诚。”

但是，学生作文中，毕竟有一些让我们难以下笔评价的作文，这又该如何送出这样的一句话呢？

在平时的作文指导中，我向来要求学生发散思维，力求创新，争取从不同角度去再现生活、表达思想，即使是命题作文也是如此，因此学生交上来的作文常常也会令我惊讶万分。一次，作文训练的题目是《我真佩服他》。可以说这是一个非常“典型性”的命题作文，学生的作文也往往是“典型性”写人模式。比如开头来个对比：

“我佩服的人，有如园丁一样辛勤的老师，有不知疲倦工作的爸爸，有爱家人却不爱自己的妈妈，不过，我最佩服的人要数小区门口的那位清洁工阿姨……”

然后接下来一段进行外貌描写，并整体描写人物的优秀品质。再接下来用一两件具体的事来突出人物的特点。最后抒发一下感情：

“啊，她瘦小的身影在我心中越来越高大了！”

然而，因为平常我对作文创新特别在意，于是也有学生开始标新立异，这样的命题作文中，竟然也有好些学生写出了“耳目一新”的习作，令人咋舌。

一学生写：“我真佩服我爸爸，爸爸不怕脏，不怕臭。他能坐在马桶上津津有味地吃着巧克力，吃得还挺香。妈妈看了直摇头，我也觉得不可思议。”

一学生写：“我真佩服那个电工叔叔，他居然敢不关电匣在修电线，明明用电笔一测，还亮灯显示有电，他却用手直接摸上去。我也真想有他那样的本领。”

还有一学生写：“我真佩服×××（班级同学名字）的妈妈，她敢捡着臭烘烘的垃圾。我们看着都觉得恶心的垃圾箱，她都会凑上去仔细地翻看……”

首先可以肯定，这些选材已经达到另类的界限了。虽然我们并不要求学生一定要写“有意义”“思想健康”的作文，但学生对世界与生活的一些与主流价值观相悖的观点与认识必然是需要引导的，尤其是像第三类这样的作文，是一种贬低式的描写，是对他人劳动的不尊重行为。面对这样的作文，面对的是小学生，我们该如何做好这种引导呢？

针对这三类作文，我都首先会写这样一句话：

“我真佩服你，你竟然有这样敏锐细致的观察力，更佩服你处处留心皆素材的作文方式，但是，我更想你发现生活中的‘真、善、美’。”

再如一位同学，在写《30年后的我》时，也没有表达自己“美好的理想”，而是写自己成了一名罪犯。文中写原本学习成绩优异的“我”在父母太多太高的期望下，在高中时代迷上了网吧，辍学之后又恋上了酒吧，之后更是爱上了毒品。于是，倾家荡产尚不能满足吸毒消费，便铤而走险开始了贩毒……这简直就是剧本呀！除了内容另类，表达也新颖。文章采取倒叙的形式，从“2037年，开场上的两声枪响”开始回忆。文章还把自己几个同学的不同命运也结合在故事中，将社会中对未成年人的种种不良影响真实地反映出来。

读完这样的作文，我对作者丰富的想象力和高超的虚构能力叹为观止。我想，如果把它理解为悲观厌世的“灰色理想”必然是大谬大误，抹杀了学生那敏锐的观察力和丰富的创新思维。我下决心，要用一句最具赏识性的评语去肯定他对自己未来的警醒、对少年儿童成长的纠结。于是，我在作文的末尾写上这样的一句话：

“这是一次你与生活波折搏击的演习，你的睿智告诉我，作文中的你只属于想象罢了，而生活中真实的你必然熠熠闪光。”

（二）两股风

读过《“精彩极了”和“糟糕透了”》（人教版小学语文五年级上册）这篇文章的老师应该了解，同样的一首小诗，在妈妈与爸爸眼中有着截然相反的评价，这不在于他们的水平的差异，而在于其评价的角度不同。正如作者所说，“精彩极了”和“糟糕透了”这两种截然不同的评价犹如两股从不同方向吹来的风，是孩子成长中不可或缺的。我们的作文评价中也同样需要这两股风。这一点深深地启迪着我。在每次五六十篇作文中，每一篇都能在我眼中展现出“精彩”的一面和“糟糕”的一面。我用不同的角度看同一篇作文，准确而恰当地评出其优点和不足。对于语文老师，这是难以做到却又必须做到的。

以下是一个学生的作文：

我

走进我的房间，几乎闻不到一点儿女孩的气息。瞧一瞧我那亲密的战友——书桌，放着连我自己也不知道是什么的东西。书堆成了小山，文具四处散落，有时书桌上还有零食袋。我的房间就像阿里巴巴的那个宝库，随手那么一抓，总能抓上一些“宝物”，如衣服、文具、臭袜子……所以只要有人来我的房间，便像来到了一个刚干完仗的战场。

但我喜欢这样的随意，虽然乱，但看上去舒服，走进去很好玩。如果要把东西按秩序放好，什么都规规矩矩，我一定会觉得那是遭罪。我不喜欢那种克隆出来的生活，那太乏味了，丢掉了生活色彩，那才无聊呢！

我爱闹腾，会在家人的茶水里加盐；我喜欢随意，像《我和祖父的园子》中的小姑娘一样“要做什么就做什么，要怎么样就怎么样”；我爱洒脱，衣服反着穿也无所谓……

我喜欢这样的我。

这个学生的生活的确如此，从她的习作中也能体会到她的真诚与朴实。特别是那流畅幽默的语言、清楚明晰的条理，都获得老师的好评，全篇作文连标点都没错，已然“精彩极了”。尽管如此，其“糟糕”的一面仍然是突出的，“没有拘束”“随心所欲”就喜欢，就好玩；“有了规矩”“要按秩序”就乏味、无聊，就能是一种积极向上的生活态度吗？一定不是，这是对《我和祖父的园子》所描写的那种“自由”与“爱”的曲解。于是，我给出这样“两面派”的评语：

“你以那种豪放无拘的思想塑了一个潇洒而又有文采的你，一个幽默而又有个性的你，一个淘气而又有活力的你。可你不能忽视‘规矩’与‘秩序’的强大力量，‘规矩’和‘方圆’才构成永久的、淳厚的美好。”

（三）三个度

毫无疑问，这三个度就是教学目标设计的“三个维度”，即“知识与能力”“过程与方法”“情感、态度与价值观”。这三个维度是语文教学中时时刻刻的标尺，自然也是作文教学的标尺。对学生的作文只重视结果不行，须关注其过程；只重视其语言表达不行，还须关注其情感、态度、价值观。当然，这三个度不是分离的，而是相辅相成的，许多时候，我们需要综合地评判学生的作文，就得以这三个度来当作学生各方面发展的“试金石”，以教师的每一次点评作为学生发展的“生长点”。

为了一只可爱的小鸟的死去而黯然神伤的学生，我自然会在习作《那一次，我真的哭了》的评语中赞许她善良美好的心灵；学生在《心窗》中看到那翠绿田野里的农民们朴实美好的形象，我一定会佩服她敏锐的洞察力和纯朴的真感情；在《夏日》里，学生不看荷池，不看落日，却将夏日写成一个狂傲自大、目中无人而瞧不起春、秋、冬的童话形象，我绝不吝惜笔墨对其新颖的表达、巧妙的构思加上溢美之词……

学生每运用一个新词、好句，学生每表述一个准确的比喻，学生每流露出一份真挚情意，学生每产生一个独特观点，我都会予以鼓励。即使学生抄袭的一篇“优秀”习作，我都要肯定他的鉴赏力，绝不放过每一个角度的激励与鞭策。当一个学生从抄作文选到自己“创作”，即使是语句不通、词不达意，我也绝不忽略其态度上的改变。作文评价，关注的可以是学生在知识能力上的进步，可以是在过程与方法上的经验收获，更可以是态度、情感与道德素养上的发展。

写上一句温暖的话，送出两股不同的风，坚持三个发展的度，这样的评价构成了对学生语言发展与全面发展的负责，带给学生快乐与自信的同时，也带给学生心灵的成长。

三、讲评讲策略

在作文教学中，作文讲评课往往体现出几个弊病：一是不分粗细，笼统概括，优点有哪些，缺点有哪些；二是不分轻重，简单罗列，好作文有哪几篇，不好的作文有哪几篇；三是不分优劣，以偏概全，或一味批评指责，或全盘赞扬吹捧。如何克服这些弊端，追求一节有质量的作文讲评课呢？以下就用《一束鲜花》的作文讲评课为例，来谈谈应该做好哪四个方面的工作。

(一) 预

凡事预则立。要想让讲评能够顾及全体，又重点突出，还能够生动有趣，就必须在课前下大功夫，换句话说，就是要认真备好讲评课。通常，老师们讲评课的备课就一个字：摘。摘录学生的好词好句，摘录学生的错字、病句，这是远远不够的。宏观上说，好的作文评讲备课通常要包含以下几个方面：

(1) 发现学生作文的共性与个性

无论是优点或是缺点，都有普遍性和特殊性之分。教师不能把个别的现象作为普遍现象进行讲评，也不能置普遍现象于不顾。一般来说，缺点是倾向于普遍性的，而优点往往属于个性化的。作为讲评课，关注到这两个方面，才能把握讲评课的一个整体观。《一束鲜花》这篇习作容易出现的普遍性缺点是，文章的结构比较单调：采花——献花——观察——回忆——感谢。当然，这是受看图作文的形式所限的。在批阅作文、备讲评课之时，老师关注到这一点，就很容易找出在结构上与众不同的优秀习作。

(2) 寻找学生作文的新的生长点

我不把作文的讲评当作一次习作的结束曲，而往往会从学生的作文中寻找新的生长点，也就是从讲评之后如何使学生的作文实现第二次的飞跃。作法是通过学生的优秀习作来激发学生的习作热情，进行二次创作，可以通过精彩环节的概括写鉴赏评语，或就习作中的某一话题开展同题习作比赛。

《一束鲜花》的习作讲评课，我就安排了两个有趣的练习：一是把学生作文中优秀的习作片段摘录下来，按顺序（正好利用本次作文结构上的统一性）重新组织成一篇“大合唱”式作文，读给学生听。欣赏完之后，让学生自选其中的一个片段进行赏析，写赞赏的理由。二是根据一个学生的作文题目来展开，这个学生的作文题目是《礼物的故事》。我告诉学生，关于礼物的故事有很多，我们班的第一期《作文报》（自办）征文的主题就以这个同学的题目为题，进行同题大赛，请所有的同学踊跃征稿，学生的写作兴趣被调动起来了，二次创作就得以实施。

（二）喻

“灯不拨不亮，话不挑不明。”对于作文讲评课来说，有些关于作文的知识还是要告知的，要明说的。有很多专家学者比较反对向学生传授作文的技巧，认为过多地讲作文技巧就是对习作的束缚，而儿童作文必须砍断这种束缚，给学生一个自由表达的空间。我也比较认同这种看法。小学生作文的两大方面，“写什么”和“怎么写”相比，“写什么”显得更重要一些，至于“怎么写”，《语文课程标准》要求“文从字顺”即可。因此，作文技法的确是要少讲为妙，然而，都不讲似乎并不妥。我的做法是，作文指导课不讲，避免约束了学生的手脚，而在讲评课里要讲，以例来讲，根据学生的优秀习作来讲，这样生动直观的例子对学生今后的作文是个启发，又不至于像在指导课中讲那样导致千人一面、千人一腔。

本单元的看图习作，学生该怎样表达才比较好，这在指导课上不敢多言。即便这样，学生习作中还是出现了许多的“同构”现象，这都是受课外教辅材料（《同步作文》一类书籍）的影响导致的。那么，在讲评课上，我该教给学生哪些看图作文写作的技巧呢？我强调了三点知识：一是动静结合的技巧。图虽是静态的，但图上的主要人物小姑娘的活动应当是动态的，而其他事物则是静态的（当然，也可以描写出动态，比如拟人），这两者之间要穿插着写，不能把老师办公室里的一切合成一段写。二是肖像描写的技巧。小姑娘的肖像在整个活动中虽不是重点，但在图中，她的肖像就是一个重点，不能不写。至于怎么写，我列举了几个同学的描写给学生参考，有穿插在“插花”这个环节中写的，有单独一段写的，有分散在各个环节中写的。三是人称使用的技巧，如用第三人称该如何，用第一人称有什么优势等。通过这样的讲评，学生学到的是感性的作文知识，并不抽象。同时，又可以避免在指导课中讲这些知识带来的“雷同”烦恼。

（三）誉

将赞赏进行到底，这是我的作文讲评原则，雷打不动。没有赞赏，学生的习作不可能有动力；没有赞赏，学生的习作不可能会有激情；没有赞赏，也就没有学生作文的明天。长期教学一个班级，你会发现一句“你真棒”绝对不是灵丹妙药，用过几次之后就失去效力了。如果你发现自己再搜肠刮肚也找不到赞赏的词汇了，那是因为你的评价不够真诚，你的意识里觉得这样好，好在哪里说不出来，或者这样的差作文，叫我如何能说他好。其实，赞赏，对于高年级同学来说，关键在一个“赏”字。赏识学生作文的一个闪光点，哪怕是一个标点，对老师来说也许微不足道，但对学生来说，都可能是巨大的喜悦。

前面提到，我在讲评《一束鲜花》时，把十余位学生作文的精彩片段缀连在一起，形成了一篇“组合”作文。我发现学生听得非常仔细，因为，他们都想听到其中有一段或一句是自己写的。我当然不会放过这样的机会，当读完一段、一句，甚至是一个词的时候，我会停下来明知故问：“这是谁的文笔呀?”“这是摘自哪位‘作家’的文章呀?”就有同学在害羞和自豪中站起，我会告诉他“了不起”，也会送给他一个赞许佩服的眼神，然后让他在同学们羡慕的眼光中坐下。当读到“小姑娘走了，留下那束美丽的菊花在微风中轻轻地摇晃……”时，我问：“这个省略号是谁写的?”全班只有一个同学站起来。但是他站起来的时候，不好意思地笑了笑说：“老师，我的那句话没用‘摇晃’，而是‘摇头’。”全班同学笑了，我也坦诚地告诉他，句子已经基本通顺，就一个词不太恰当，老师改过来了，但全班只有他在此处用了一个省略号，非常恰当，很有想象的余地，这就足够了。

赞赏不需要过多的溢美之词，不需要泛滥的奖励手段，需要的是教师潜心的发现，需要的是教师真诚的赏识。

（四）育

作文教学是育人的活动，“育人”就不是单纯教给学生一种技能、一种能力，而是要让学生能在这个活动中感受到向上的精神和蓬勃的力量，换句话说，就是获得身心的发展。这一点在作文课上，尤其是讲评课上，是被很多老师所忽略的。受到考试指挥棒的影响，很多时候，作文教学的实践活动中只留下“知识与能力”目标，“过程与方法”目标沾边，至于“情感、态度和价值观”目标，则毫无立足的空间，作文指导课如此，讲评课就更不用说了。这显然与新课程“以人为本”的理念相悖，与人的身心健康发展目标相去甚远。无论何时，无论何课，这个目标是不应当被无情地抛弃的。

作文讲评课中，教师如何培养学生的“情感、态度和价值观”呢？这应当视具体的课例而定。看图作文《一束鲜花》渗透的是一种对教师工作的肯定和赞美，一种对教师精神的积极的评价与激励，学生的习作中都能表现出这样的一面吗？当批改完学生作文后，我才发现学生们虽然都提到了老师的工作，比如，“戴着老花镜的老师又在深夜里批发作业、备课”“老师真辛苦，真伟大呀”等，但能够真诚表达出情感的仅在少数。是教师平时做得不够吗？不是的。是学生因为主观或客观的原因无法真正了解教师背后的工作有多累，教师的付出有多少，于是，学生就很难表达出这种情感来，只能表现出“无病呻吟”的状况。在这次习作讲评课上，我做了一件看似与讲评无关的事，就是让学生好好回顾过去五年所遇到的老师，甚至是幼儿园的老师，哪些老师是值得你敬佩的，为什么？同时写一张贺卡给这位老师，要写上“三言两语”，表达自己的敬爱之情和想念的理由。有了这样的过程，才能算是一个血肉丰满的习作课堂。

作文教学讲究变通，作文讲评也是如此。但万变不离其宗，这四字“真经”是每节讲评课必须付诸实践的，做好这四字诀，习作讲评也就步入坦途了。

四、评价显美感

学生作文中的缺点是客观存在的，也是不可避免的。教师在给学生批改作文的时候，该如何看待这些缺点，又该如何给予评价？请看以下几则评语：

●你的作文总体还不错，但是，文中的那些错别字就像有些人脸上的麻子一样令人恶心。你要好好想办法把这些麻子去掉啊！

●你的作文选择的内容很有典型性，这是值得表扬的。可是，你写的文章有太多病句。为什么你写的句子会缺胳膊断腿的呢？你要多加反省和修改。

●纯粹凑字数，作文还能写好吗？你看你的作文，没有一个明确的中心，虽然长，却像懒婆娘的臭裹脚布——又长又臭。

几则评语从内容上说似乎没有问题，明确指出了学生的作文缺陷，甚至还具备了某些“文采”，但是，这些评语在情感色彩上令人不适，教师对学生作文中出现的问题极尽讽刺和挖苦。我们不妨作个假设，如果学生看到这样的评语，他会作何感想？学生会不会因为羞愧而从此厌恶作文？

说实话，学生的作文存在这样那样的问题，确实令批改作文的老师觉得头疼，要学生在短时间内克服错别字、病句、中心不明确等毛病，也的确不是一件易事。但作为教师，我们是不是更该用一种宽容的心态去面对学生的不足，甚至用“美”的眼光去审视作文的缺点呢？答案是肯定的，我们不能以“丑”制“丑”，以“毒”攻“毒”。那么，如何从“丑”中寻“美”、“美化”缺点呢？我认为，要把“美”的评价送给学生，首先要让评语“靓”起来。

（一）指点迷津方为美

谁能不犯点错误？何况是生理年龄和心理年龄都处于儿童期的小学生。面对学生作文的缺点，如果不能委婉地指出，就干脆直截了当地向学生说

明他的作文还有哪些方面需要改进的，这样也远比以上教师这样讽刺挖苦学生强。

平时批改作文的时候，单单指出学生作文中的不足之处，然后让学生自己动手修改，这是很多教师的一贯做法。但是，对于这些缺点比较明显的学生作文，我们是不是可以考虑，在评语中给学生切实可行的技巧性指导，为学生指点迷津。这样的方式，对于学生来说更具有指导意义，也能让学生更容易接受。例如，我就常常给学生这样的评语：

●你的作文很有意思，老师对你所写的事件非常感兴趣，这说明你很会选材。不过，读作文的时候，老师发现有“拦路虎”——病句。文中老师用横线标出来的句子就是病句。其实，只要把其中的某个词语换一下，或者调换表达顺序，就通顺了。

●你把学骑车的过程写得很具体，特别注意写自己的动作和心理感受，这是很多同学做不到的。但是，写动作要学会用更丰富的词汇来表达。比如骑车时的脚部动作有“蹬、踩、踏”等，手部动作有“握、扶、提、抓”等，要根据具体情况选用，你可以试试把作文中的 21 个“骑”字改改。

以上评语中所提到的现象，在一部分的学生作文中表现得比较突出。写“学骑车”，满篇作文就只会用一个“骑”的动词；写“学游泳”，就只会用一个“游”字来写。针对这种情况，我在评语中给该学生列举了一些动词，让学生参考。因为阅读量的问题，再加上平时不注意积累词汇，学生作文中用词不当的现象以及词汇贫乏导致用词单一的现象总是比较常见。教师仅仅指出存在什么问题，显然是不足的，必须给予具体的指导，这类困难才不至于伴随学生继续下去。也只有在评语中给出细心的指导，评语才具有实质性的内容，也才具备了“美”的内涵。

（二）不拘形式才有美

作文教学需要创新，教师评语也需要创新。对于学生来说，教师评语就是一次老师与学生的亲密对话，如果学生能被评语吸引，那么，评语就真正发挥了功效。一两个学期下来，教师给学生的评语如果一成不变，形式单调，必然会导致学生审美疲劳。面对学生作文中的缺陷，教师是否也可以考虑一下，用活泼有趣的形式来指出呢？

在写作中，学生偏离主题，写些无关紧要的话，这是常见的毛病。苏教版小学语文五年级下册习作三安排学生学写新闻报道，在指导中，我要求学生以本校前些天举行的为青海省玉树地震中遇难同胞举行的哀悼仪式为内容，练习写一则小报道。但是，有些学生把仪式中主持人和辅导员、少先队代表说的一些话不加筛选大量引用，还把一些与哀悼仪式不太相干的内容写进作文里，如“各班同学陆续来到操场，有的班级进场很有秩序，有的班级比较乱，我们班表现得很好。”“低年级的小同学不懂哀悼仪式的意义，在默哀时还要偷偷地说话、发笑，这是很不应该的。”于是，我在一位同学的评语中这样写：

先概括写时间地点与事件——简洁

再按序写仪式的几个环节——清晰

还懂得写哀悼仪式的意义——聪明

但是引用人物语言要学会——转述

与哀悼仪式无关的内容要——舍弃

这是我给学生习作评语中常用的一招，用几个整齐的分句指出学生的优点与缺点。在高度概括学生优点的同时，还明确指出学生作文中存在的缺点。

除此之外，我在评语形式方面还常用到以下方式：（1）诗句式评语。就是在评语中直接引用古诗句，或者改编（自编）诗句。如提醒学生在作文开头留些悬念，别直接写出事件结果，我就写“请勿此地无银三百两，因为结局难料才引人”。（2）表情式评语。受QQ表情符号的启发，我在学生作文中常常用到这些表情，顺手一画，诙谐传情，效果奇佳。如要赞扬学生，就给一个或者；要指出学生哪方面的缺点，就在缺点后面加上一个或者，这样，本来比较苍白的批评或建议，就变得丰富多彩了，学生也更乐意去接受。（3）对话式评语，也可称为练习式评语。这种评语目的是引导学生对作文进行二次修改，在阅读教师评语的同时能积极思考。如“你想想，你的文章中‘气急败坏’可以换成（　　　）”或者“你的文章结尾没有提到自己的感受，稍觉遗憾，请你想一想，写一两句在下面________________”等。用这种方式与学生进行互动交流，使评语不致成为习作教学的终点站。

（三）胸有真爱可言美

无论是在内容上给学生指点迷津，还是在形式上创新评价，都在无形中增加了教师的工作量，除了在写评语的过程中有选择、有侧重之外（在某一学生的几次作文中选择一次，或者在某一次作文中选择一部分学生），更需要的是教师对学生有真心的关爱。只有对学生有真爱，才会深入了解学生情况，才会触摸学生的难处，也才会因材施教、对症下药。

毫无疑问，在一个班级中，总会有一部分学困生存在，他们几乎读懂文章都难，更何况要写作文。在很多时候，他们有的只能大概表达出自己心里所想说的话，这已经很不容易，有的甚至无从下笔。我们甚至无法苛求他们把句子写得如何通顺，更别说如何生动、如何具体。面对这类学生，看到这类作文，教师如果就下意识地产生厌恶心理，直至离弃不管，草草写个“阅”字了事，这对学生来说，应该是一个悲哀。

相反，如果他们有稍稍的进步，我们放大他们的优点，就能鼓励他们树立些许自信，培养他们的点滴兴趣。每当遇到这样的学生时，我的评语也许会偏离主题，抛开作文本身不说，谈一点老师的观点，鼓励学生发扬优点，克服困难，给他一两句温馨的问候。例如：

●虽然每次读你的作文，老师都费了一番功夫，但是，老师能读懂你的内心。从你的眼神中，我知道你很上进，也很有自尊。语文基础差只代表过去，现在的你努力还不晚。不信？下次作文，你只写一段话，努力写通顺，你一定可以。

●上次，你努力把《匆匆》一课背下来，真令我感动。我觉得，你是个记忆力很好的同学，要知道，记忆力好就代表着人聪明，所以，没有你做不成的事，包括写作文。今后，你写完作文，自己读一遍，能做到吗？

写以上评语，那是在学生的作文几乎无法读下去的情况下逼出来的。但有一点，这些评语都实事求是，没有丝毫夸张和虚构，把学生平日表现出来的某一点优势加以强调，目的在于鼓励学生不要丧失信心。也许，这些评语无法在作文本身给学生多少帮助，甚至无法改出学生作文中的某些错别字，但是，我相信，这些真诚的话语发自我的内心，一定会给学生一点学习的自信。即便学生今后仍无法在作文方面有所建树，但至少会从老师关爱的言语中收获生活的动力。我认为，有爱的语言才是“美”的评语，也才是“美”的教育。

人非圣贤，孰能无过。学生作文，亦是如此。也许，有了缺憾，才是原生态的“美”，才是本真的“美”。教师只有本着爱的理念，用审美的目光去注视学生作文，才能真正读懂生命的跳动，才能真正触摸教育的真谛。

五、评价求创新

目前，老师们评价小学生的作文不外乎三种方式：一是描述性评价，通过口头语言或书面语言对学生的作文进行优劣评判；二是等级性评价，通过用“优、良、中、差”等方式进行区分一个班级里每个同学作文的水平差异；三是分数评价，直接用百分制为学生作文打分，让学生十分明确地知道自己的作文水平。三种方式各有适用之处，前两种多用于日常的学生作文训练，即过程性评价方式，如小练笔、单元作文等；而第三种则多用于质量检测试卷，多用于终结性评价，较之等级更为细致准确。三种方式却也存在矛盾，日常评价学生的习作，无论是描述性评价，还是等级性评价，或是二者结合，都是比较模糊的，为的是淡化分数、淡化评比，但一到考试，作文又必须面对冷冰冰的分数，残酷地把学生的作文用分数区别开来，即便不排名，学生依然能感受到分数带来的压力。再者，根据教学经验，我们发现学生的习作水平在一定时间内的变化并不会十分明显，如果用等级评价，学生面对作文本就会出现“不看也知道，看了心不跳”的冷漠情绪，教师评价的激励性也就无从谈起。

如何化解习作过程评价与终结评价之间的矛盾，改善评价不力带来的尴尬？这就要求教师的评价方式和技巧不能一成不变，要有创新策略，与时俱进，更加“给力”，让作文评价焕发新的活力。

（一）异标评价——助力学生提升信心、培养兴趣

横向评比，很容易就把学生个体之间的优劣好差评判出来。然而，学生作文分数上的差别也是打击学生作文兴趣的一把利刃。能否在过程评价中模糊这种个体间的差异，引导学生进行纵向评价，发现自我的变化与进步呢？能！那就是异标评价。

所谓异标评价，就是指在同一个班级里，根据每个同学的原有水平制定不同的评价标准，然后以这样的标准去衡量学生之后的每次习作成果。众所周知，虽然同在一班，但学生的现有知识、能力水平必定参差；虽然学生生理年龄相近，但心理水平、智力水平也有差异，从而造成他们的接受能力千差万别。举例来说，面对接受能力有限的学生，即使他已经是五年级了，我们也只能降低标准，用《语文课程标准》中第二学段的习作标准去衡量他、要求他。针对学生的现有水平制定的这个标准，是处于该学生的“最近发展区”内的，是他通过努力可以达到的，学生便不会对学习失去信心和热情，也会因为自己的努力取得了成果而有了新的动力，这便是依情定标、异标评价的实质与效能。

根据这种思路，我在学期初学生第一次写作文时，要求他们努力发挥出自己最好的状态，表现出自己的最高水平。然后，我针对每篇习作给出极富针对性、客观性、激励性的语言评价，再给每个学生的本次习作都打90分。同时，我还告诉每位同学，这篇作文代表着目前你自己的最高水平，所以都值得评90分，今后的每一篇作文都以这一次评价为标准，超过自己，就会打比90分高的分数，反之就把分数往下打。另类的评价方式，让一些从来都得不到高分的同学与优秀的同学一样得到赞誉，得到重视，从而改变他们的评价观念——超越自己就是进步。

（二）团队评价——引导学生学会合作、参与竞争

单纯的自我比较显然是不够的，这样难免会让学生产生自我满足情绪，乃至夜郎自大，因此，恰当合理的横向评比是应该提倡的，不然就无法适

应考试到来时“分数定终生”的现实。于是，我开展了以团队为单位的横向评比活动，增加学生的合作意识和竞争意识。

现代学习理论最大的特点，便是讲究团队的合作与探究。《语文课程标准》中“倡导自主、合作、探究的学习方式”为我们指明了如何以学生为主体开展教与学的活动。阅读教学如此，作文教学亦是如此，要让学生学会在团队合作中共同进步，共同发展，共同提升。如何在作文教学中进行合作学习，曾让许多语文教师犯难，因为作文课的合作学习并不好找到很好的时机，勉强为之显然会收效甚微。那么，我认为，在评价的环节中进行团队合作，将是一个很好的方式。

在习作过程中，学生独立创作居多，不敢与同学交流，不愿和同学分享，成为学生作文学习过程中存在的一个心理问题，成为制约学生作文能力提升的一个因素。因此，在作文评价环节，除了开展互相评价之外，更重要的是提出中肯的修改建议，甚至动笔为小组内的成员修改习作，使习作得到老师的充分肯定，使小组内的同学共同得到进步。那么如何才能让小组的成员间形成合力，积极主动地给他人以帮助呢？为解决这个问题，我在班级中制定了一个团队评价竞争规则，按作文能力高低搭配成立人数相对均衡的合作小组，并让每个小组给自己取一个好听的团队名称，学期内以小组为单位进行作文竞赛评比。此项评价以小作文为主，每次小作文、小练笔，都让学生先通过小组成员的互相修改之后再上交，老师给予每位同学进行等级（或分数）评价，每次评价均以积分的方式计入小组的得分，期中、期末各进行评比一次，按小组积分高低评出一、二、三等奖，小组获得哪个奖项，那么其中每个成员都获同一奖项，荣辱与共。因此，只要团队合作意识强，就可能出现成绩并不优异的同学获得顶级奖项的现象，对于学生来说无疑是一种鼓励，更让平日里成绩优秀的同学学会帮助他人、关爱他人。

（三）多重评价——促进学生认识自我、享受快乐

评价能否在学生的心中激起波澜，能否给学生留下难忘的印象，能否促进学生再次修改，靠一成不变的评价不行，靠一味赞扬的评价不通，靠

一面之词的评价也不好。因为学生对老师的评价也会产生审美疲劳，学生也有自己心目中的评价能力。注意到这些问题，我给学生作文设计了多重评价方案。

首先，作文评价“四合一”。就是根据评价者的身份不同，把自我评、同学评、老师评、家长评结合在一起，对同一篇作文进行评价。这种评价并不是每篇作文都如此，而是一个学期中进行一两次这样的评价，让学生的单元习作与家长亲密接触，与同学友好握手，也让学生更为准确地了解自己的习作水准。

其次，要求各个参与评价者采用不同的评价方式进行评价。自我评价采用等级制，分为“优”“良”“中”等；同学评价采用图标法，用自己喜欢的图标（甚至小漫画）来为同学评价，学生果然能创造出许多有趣的评价方式，比如，学生用简笔画的方式画下了小轿车、皮卡车、拖拉机、手推车四幅图，然后勾选了“小轿车”，以示赞许，这样的方式让评价变得生动活泼；家长评采用分数制，评出该作文在自己心目中的分数；老师评则采用评语法，用语言对学生的作文作出评价，或者把最想说的话写在学生作文之后，与学生形成书面上的互动交流，促进学生进行二次修改。这种尝试虽然流程较多，操作不易，但一个学期里的一两次活动给学生带来了很多的快乐，也带来了许多的启示，更为学生的习作能力提高找到一种独特的方式。

此外，在各种评价方式中，也要进行一些细节的调整，让评价更加活泼、更富朝气。如等级制中的“优、良、中、差”，可以在另一个学期开始时变成“金牌、银牌、铜牌、铁牌”，还可以再变成“军、师、旅、团、营”，等等。用心改变细节，带来的可能就是意外的惊喜。

总之，在促进学生作文能力提高的过程中，评价所起的作用是显而易见的，如果在评价中求异、求新、求变，那么学生的作文素养乃至综合素养都会得到提高。